안 되면 될 때까지

어받상

국립중앙도서관 출판시도서목록(CIP)

안 되면 될 때까지 역발상 / 지은이: 이은구. -- 고양 : 시지시, 2013
p. ; cm. -- (이은구칼럼 ; 제12집)

ISBN 978-89-91029-41-5 03320 : ₩11000

한국 사회[韓國社會]
칼럼집[--集]

304-KDC5
300.2-DDC21   CIP2013014094

• 이은구칼럼 제12집 •

안 되면 될 때까지

이은구 지음

신지서원

이은구칼럼 제12집

안 되면 될 때까지 엉뚱발상

초판 1쇄 발행 2013년 8월 16일 **초판 2쇄 발행** 2013년 10월 17일
지은이 이은구 **발행처** 시지시 **등록** 제2002-8호(2002.2.22)
주소 ㉾410-905 고양시 일산동구 호수호 688. A동 419호
전화 050-555-22222 / 070-7653-5222 **팩스** (031)812-5121
이메일 sijis@naver.com

ISBN 978-89-91029-41-5 03320   값 11,000원
Copyright ⓒ 이은구, 2013 Printed in Korea

"매일매일 달라져라.
그렇다면 성공할 것이다."

상식을 때려 엎는 역발상의 주인공,

30년 외길로 이어온

그의 뚝심 전선은 아직 이상 없다.

앞으로도 강한 힘으로 세상을 돌파할 것이다.

지적재산권 169개를 확보한 아이디어맨,

삶의 시력과 아픔을 통해

요동치는 세상을 뒤집어보고

잘못되어지는 현상을 가차 없이 지적하는 그를 만나

그가 제시하는 성공기법과

이 사회에 제안하는 역발상의 내용들을 들어본다.

대전사범학교 졸업.
초, 중고등학교 교사 15년.
전국 소기업연합 공동대표.
(사)한국놀이시설생산자협회 회장.
민주평통고양협의회 수석부회장 역임.
해미중학교 총동창회장.
해미사랑장학회 이사장(현).
국립대전사범학교 총동창회장(현).
(주)신이랜드 대표이사(현).
시민신문사 운영위원장(현).
2010년 독서 생활중앙회 칼럼부문 대상 수상.
2010년 장영실 발명문화대상 수상.
2012년 도전 한국인상 수상.
2012년 대한민국 성공대상 수상.
2012년 신한국인상 수상.
2012년 21세기 한국인상 수상.
2013년 혁신한국인상 수상.

•저서•

『노가다 병법』(1993, 김영사), 『네모난 지구, 둥근 지구』(1994, 3차원), 『소기업은 개똥참외냐』(1996, 삶과꿈), 『우리집 안전박사』(1997, 생활지혜), 『역발상 세상보기』(2005, 시지시), 『최강의 역발상』(2007, 모색), 『괴짜 사장의 역발상』(2008, 모색), 『청개구리 역발상』(2009, 모색), 『역발상 세상 바꾸기』(2010, 모색), 『상식을 뛰어넘는 역발상』(2011, 모색), 『5년 앞을 내다보는 역발상』(2012, 모색).

•방영된 다큐멘터리•

MBC 다큐멘터리 [작은 거인], [뚝심전선 이상 없다]의 주인공
EBS 다큐멘터리 [나의 뜻, 나의 길], [노가다 맹장]의 주인공
KBS 다큐멘터리 [휘파람을 부세요], [시스템 사장]의 주인공
SBS 톡톡비지니스
C&M 함께 살아가는 세상 외 1편

현재 저자는 발명특허, 실용신안, 의장 등 170여 종의 특허를 보유하고 있으며, 놀이시설, 휴식시설, 체력단련시설 등 8000여 종의 고유 브랜드를 개발하여 전국에 보급하고 있다. 놀이시설 안전인증 최다 합격품을 출시한 이들 시설물은, 청남대, 엑스포, KBS, MBC 등의 주요 기관과 전국 각지의 300여 아파트 단지에 설치되어 있다. 특히 조립식 간이 정자는 가장 좋은 시설로서 그 명성을 자랑한다.

미술 레슨은 꿈에도 생각할 수 없던 시절 그의 집은 너무나 궁핍했다.

겨우 초등학교를 졸업하고 농사일을 해야 했던 그의 예술적 재능을 안타깝게 여긴 선생님들이 중학교 입학등록금을 모아주어 학업을 계속할 수 있었다. 그 후 대전사범학교를 나와 중등학교에서 15년간 미술교사로 재직하면서 충남미술대전에 입상하기도 했다.

1970년대 말, 일선 학교 교육현장의 개혁안이 거부된 것을 계기로 사표를 던지고, 학교에 대한 사무용품류 납품사업을 하던 중 본격적으로 조경시설에 대한 새로운 아이디어를 내기 시작한 것이 오늘날의 (주)신이랜드가 되었다. 납품의 영역이 학교에 필요한 시설설비로 확장되면서 휴식시설의 일종인 파고라(Pagora)를 만들기에 이르렀고 막노동판의 거칠고 낯선 환경에서 아무것도 모르는 것을 오히려 장점으로 삼아 오늘의 성과를 이끌어냈다.

♣ 95% 확인정신으로 임했다.

♣ 불필요한 접대문화를 지양했다.

♣ 안 되면 안 되는 이유를 끝까지 찾아내서 해결했다.

♣ 실수한 것을 격려하고 그 원인을 찾아내면 상을 주었다.

♣ 경쟁업체에서 기능인을 스카우트하지 않았다.

♣ 외상은 하지도 않고 주지도 않는다.

♣ 대금 중 30%가 입금되어야 계약으로 간주했다.

♣ 안전교육 없는 시작은 없다.

♣ 믿으면 100% 신뢰하고 그렇지 않으면 아예 믿지 않는다.

기업인으로서의 이은구가 실천해 온 역발상 경영은 하나같이 일반적인 기업인들의 관행과는 사뭇 다른 것들이다. 역발상의 힘이었을까? 영세기업의 숱한 제약을 극복하고 현재, 국내 최대의 조경시설업체로 우뚝 솟은 (주)신이랜드는 놀이시설, 휴식시설로 발명특허 1건, 실용신안특허 11건, 디자인등록 150건, 상표등록 7건 등 관련 특허만도 169개를 보유하고 있는 알짜 벤처기업으로 성장했다.

어린 시절, 자칫 학업의 꿈을 포기할 뻔했던 그에게 화가의 꿈을 키워갈 수 있게 해주신 초등학교 선생님들의 고마움을 가슴에 새기고 늘 교육자적인 양심과 관찰에서 떠나본 적이 없으며 장애인들을 비롯하여 각종 사회복지시설에 대한 후원과 시설 기증을 아낌없이 실천하고 있다. (주)신이랜드 대표이사로서, 사단법인 한국놀이시설 생산자협회 회장, 민주평통고양협의회 수석부회장을 역임했고 현재 시민신문사 운영위원장을 맡고 있다.

저서로는 『노가다 병법』(1993, 김영사), 『네모난 지구, 둥근 지구』(1994, 3차원), 『소기업은 개똥참외냐』(1996, 삶과 꿈), 『우리집 안전박사』(1997, 생활지혜), 『역발상 세상보기』(2005, 시지시), 『최강의 역발상』(2007, 모색), 『괴짜 사장의 역발상』(2008, 모색), 『청개구리 역발상』(2009, 모색), 『역발상 세상 바꾸기』(2010, 모색), 『상식을 뛰어넘는 역발상』(2011, 모색), 『5년 앞을 내다보는 역발상』(2012, 모색)이 있고, 그 외 다양한 칼럼이 있다. 또한, 중소기업 역발상 경영의 선구자로 주목받으면서 KBS, MBC, EBS, SBS 등의 지상파 방송과 C&M 등의 케이블 방송들이 앞 다투어 그의 경영 노하우를 소개하는 다큐멘터리를 제작, 방영했다.

그는 언제나 도전하는 삶을 살고 있다. 가난에 도전했고 배움에 도전했으며, 노가다판에 도전했고, 중소기업의 운명에 도전했다. 처음 멋모르고 뛰어든 막노동 현장은 암담했지만, 그는 결코 좌절하지 않았다.

그리고 그 숱한 도전에서 승리했다.

그의 꿈은 지금도 진행 중이다.

신이랜드 사훈
· 95% 확인정신

실천강령
· 신속정확
· 정직필승
· 공평무사

※ 을이 갑을 관리하며 일하는 회사.
(갑:발주자, 을:신이랜드)

세 번째 책 '네모난 지구, 둥근 지구'는 감성이 지배하는 사회를 합리적으로 바꾸자는 역발상 최초 실험적 글이었다.

이 책이 나왔을 때 한 지인이 책 내용이 도발적이고 현실에 맞지 않아 반박글을 쓰려고 문방구에서 노트를 구입했다.

처음 읽었을 때 여러 줄이 나왔다.

2번째, 3번째 읽으며 반박내용을 지워갔다.

4번째 읽은 후 모두 지웠다는 이야기를 들었다.

필자의 글을 처음 읽으면 현실성 없는 억지주장처럼 느껴질 때가 있는 모양이다.

필자는 5년 앞을 내다보고 쓴다.

지금의 현실과 거리가 있고 모두 불가능하다고 생각할 수 있는 이야기와 대안들이다.

대중이 느끼지 못하고 생각하지 못한 것들을 미리 보고 미리 생각하여 쓰는 버릇이 17년째다.

필자는 그런 것들이 하나하나 현실이 되고 유사하게 변하는 것을 보며 가슴이 부풀어 오르고 통쾌한 마음이 들 때가 많다.

17년 이상 이런 글을 쓰면서 반대 댓글도 보았고 찬사도 받았다.

앞으로 몇 년은 더 쓸 것 같다.

'안 되면 되게 하라!'가 이번 책의 부제이다.

'하면 된다!'를 가훈으로 정하고 아이들에게까지 실천하도록 권하지만 맘대로 되지 않는데 독자 중엔 이해 안 되는 내용도 있겠지만, 아직 현실로 나타나지 않았으니 지켜보는 수밖에 방법이 없을 것이다.

기존의 고정관념을 뒤집는 역발상이 전 세계를 강타하고 있는 경제불황을 극복할 수 있는 새로운 힘으로 더욱 주목받고 있다.

세상 사람들이 옳다고 하는 일이 다 옳은 것이 아니라는 '청개구리식 역발상'이 새로운 경영의 '힘'이다.

매주 토요일 한 주간을 돌아보면서 쓴 주간 칼럼들을 책으로 만들었다.

월간 ≪참좋은이들≫, <목재신문>, <시민신문>에 연재하고 다음, 네이버, 신이랜드, 이은구 홈페이지에 공개했던 내용을 한데 묶어 이은구의 눈에 비친 세상, 머릿속에 그리는 세상을 역발상으로 생각해보고 주로 정책에 대한 대안을 제시했다.

보는 각도와 위치에 따라 해석과 처방이 다를 수 있겠지만 제3자의 입장에서 세상을 보려고 노력했다.

나아가 부정적 시각보다는 긍정적 시각으로 지금 당장보다는 5년 후의 미래를 그려보려고 노력했다.

그간 1천 회 이상 썼던 칼럼 중 아직 바뀌지 않은 그때 그 생각들의 일부를 Part 2에 다시 게재했다.

이 책을 통해 대한민국에서 제조업과 소기업을 운영하는 경영자들과 임직원들, 지원보다 규제를 선호하는 공직자들, 그리고 사회 각 분야의 젊은 초심자들이 유익한 기회를 얻을 수 있기를 바라는 마음이다.

2013년 여름 저자 이은구

우연히 인연을 맺게 되어 내가 하는 작은 봉사활동에 항상 큰 힘 되어주시는 이은구 사장님이 처음 칼럼집을 낸다고 하셨을 때 그냥 보통의 자수성가한 기업인들이 자랑삼아 자기 이름을 건 책을 내는 것이라 여겼다. 세상에 쏟아지는 책들이 너무 많았기에 그저 그런 책 중의 한 권이라 생각한 것이다.

그런데 매주 원고지 10매 내외의 칼럼을 한 주도 빠짐없이 벌써 17년여를 써 오면서 칼럼집으로 묶어낸 책의 권수만 올해 들어 12권에 이르고 있다. 그 집요한 성실함과 우직하기 그지없는 끈기에 마음속으로 탄복하고 말았다.

옛 속담에 겨자씨만한 믿음이 태산을 옮긴다 했고, 적토성산(積土成山)이라 해서 아무리 작은 것이라 해도 그것이 쌓이면 큰 것이 된다고 했다. 중국의 유명한 고사의 하나인 우공이산(愚公移山)도 한자 풀이 그대로 해석하면 어리석은 사람이 태산을 옮긴다 했지만, 이는 오늘 내가 다 못한 일을 내 제자가 그 뒤를 이어 계속 해 갈 것이라는 의지와 신념의 힘을 강조한 것이다.

이은구 사장님의 칼럼집을 매년 읽으면서 해가 갈수록 이들 속담과 고사성어의 살아있는 힘을 보는 듯해서 나 자신을 돌아보게 된다. 우리는 세상을 살면서, 먹고 살기 위해 분주하든, 남을 돕기 위해 분주하든, 저마다의 목표와 뜻을 가지고 열심히 산다고들 하지만, 보다 나은 내일을 위해, 정말 집요하게 어느 한 가지라도 끝까지 추구해보았던 적이 있었을까? 적당한 게으름과 그럴싸한 핑계거리를 대며 자신을 합리화할 때가 더 많지 않았던가?

이 책을 보면, 매년 세상의 흐름을 주의 깊게 관찰하고, 중소기업의 일선 현장에서 부딪치고 경영자로서의 고뇌와 애환, 종업원에 대한 애정과 연민, 국가와 민족, 지역사회의 발전에 대한 깊은 관심 등이 절절히 녹아 있다.

게다가 그 어떤 보상이나 대가가 주어지지 않음에도 사회문제와 중소기업 육성에 대한 구체적인 개선방안들을 줄기차게 제시하고 있다. 쉽게 생각하는 이들은, 오지랖이 넓다며 오히려 이런 분의 애끓는 문제제기와 개선책을 우습게 여길 수도 있겠지만, 정작 세상을 바꾸는 이들은 이은구 사장님처럼 뚝심을 갖고 줄기차게 밀어붙이는 분들이다.

대부분의 사람은 현실에 안주한다. 배가 부를수록, 심신이 편안할수록 더욱 그렇다. 그래서 배고픈 사람들, 몸과 마음이 병든 사람들을 돌보지 않고, 곪아가는 세상의 부조리와 문제점에 대해서도 자신을 위협하기 전까지 철저히 외면하고 살려고 한다.

하지만, 여기 오늘보다 나은 내일, 나와 내 기업은 물론이고 지역사회, 대한민국 중소기업의 역동적인 성장을 꿈꾸며 매일매일을 '역발상'으로 살아가는 분이 있다. 그분의 역발상 칼럼집이 세상을 향해 전하고자 하는 외침은 비록 미약할지 몰라도, 우공이산(愚公移山)의 고사처럼 분명 언젠가는 역발상으로 세상을 바꾸자는 그분의 메시지와 끊임없는 실천이 그 빛을 발하게 될 것이라 굳게 믿는다.

독자 여러분에게 대한민국 소기업을 대표하는 벤처기업인 이은구 회장님의 이야기를 꼭 진심을 다해 읽어보도록 권하고 싶다.

무지개마을을 사랑하는 사람들 운영위원 유일하

※ '무지개마을을 사랑하는 사람들'은 전국 각지에서 사람들의 관심 밖에 있는 비인가 사회복지시설과 불우이웃을 찾아 이들의 실상을 홍보하고 이들에 대한 사회 각계의 후원을 연결시키는 활동을 하는 작은 모임입니다. 지난 10여 년간 이러한 복지활동에 꾸준한 성원을 보내주신 이은구 회장님과의 인연으로 이러한 졸고를 쓰게 되었음을 밝힙니다.

CONTENTS

저자 이은구 소개
프롤로그 _역발상이 힘이다
추천사 _뚝심의 성곡학을 일궈낸 역발상 기업인

Part 1 세상을 보는 색다른 시각

1 역발상 칼럼 12집을 내며 • 21
2 비행기 타고 울릉도 간다 • 24
3 실개천이 살아난다 • 27
4 여초女超 시대 • 28
5 쇼, 외면하는 국민이 있다 • 33
6 확인 95%는 신뢰이고 성공조건이다 • 36
7 내 차 타고 중국 대륙 달리는 꿈 • 39
8 청백리제도가 필요하다 • 41
9 가족 • 44
10 노인정을 치매예방 센터로 • 46
11 을로 살아가는 지혜 • 49
12 사죄와 반성의 마무리 시점 • 51
13 철원공단 구상 • 53
14 나라꽃 바꾸자 • 57
15 이겨도 도토리 져도 도토리 • 60

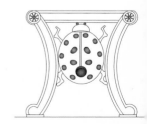

16 밑 빠진 독은 교체해야 • 63

17 가방끈 사회 • 66

18 네 탓 병 • 69

19 조각배 놀이 • 72

20 감투 값 못하면 벗어라 • 75

21 나무자원 • 78

22 애국자, 애국시민 기준 만들 때 • 82

23 핵 개발 역발상 • 85

24 행운의 70남들 • 88

25 라면 힘으로 솟아오른 나로호 • 92

26 되살려야 할 유비무환 정신 • 94

27 회초리 • 97

28 소금전쟁 • 99

29 설중신년雪中新年 • 102

30 새 대통령에게 바란다 • 104

31 여성 대통령 시대 • 107

32 조급중 • 110

33 억울증 • 112

34 특별한 망년회 • 114

35 정치 선진화 • 116

36 한밤중 공동묘지 체험기 • 118

37 기러기 정신 • 121

38 속지 않는 기술 • 124

39 근로자 안전, 가족이 나서야 • 128

40 결혼문화 • 131

41 느림보 퇴출 작전 • 134

42 싸이 열풍에 • 137

43 텃밭 취미가 특기된다 • 139

44 강대국엔 찍소리 못하는 일본 • 141

45 준조세 폭탄 속 살아남기 • 143

46 고졸시대 • 145

47 국치일 이렇게 넘어갈 건가 • 147

48 위안부 역발상 • 149

49 삼국동맹 • 152

50 통일비용 나부터 • 155

Part 2 아직 변하지 않는 것들

1 동서 관통로 성사단계 • 159

2 자기 과시용 외래어 범람 • 160

3 마이스터 고등학교 확대를 • 163

4 부가세율 내려야 2 • 165

5 외국어 달인 제도 • 168

6 법 없애는 국회의원 • 171

7 신호등 공해 • 173

8 복지 족쇄 • 175

9 시민단체도 구조 조정해야 • 178

10 회전 교차로 • 181

11 역발상 방역 • 183

12 기업인 연금 • 186

13 장수기업 • 189

14 곧은길 • 192

15 역발상 통일전략 • 195

16 규제일몰제 • 198

17 월드타운 • 201

18 갓길통행확풀어라 • 204

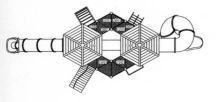

Part 1

세상을 보는 색다른 시각

1 역발상 칼럼 12집을 내며

초등학교 다닐 때 필자의 별명은 '쏘피스트'였다.

친구들의 대화 중 틀린 말, 틀린 생각을 콕콕 짚어주기 때문에 붙여진 별명이었다.

필자가 사범학교를 나오고 교사로 활동하던 15년은 '컴퓨터'였다.

미술(회화, 디자인, 조소) 시간에 학생들이 작품을 완성하면 반드시 평가했다.

평가는 늘 공개적이었고 전체(학급) 학생 모두를 10분 내 공개 평가하고 각자 작품을 바꾸거나 위치를 바꿔 재평가했을 때 95% 이상 첫 번째 평가 점수와 같아서 붙여진 이름이다.

조경시설업을 하는 30년 동안은 많은 별명이 따라다녔다.

토종 옹고집, 노가다 맹장, 시스템 사장, 괴짜 사장 등 KBS, MBC, EBS, SBS, MBN 등 다큐멘터리 제작 시에 작가들에 의해 붙여진 별명이다.

필자는 그런 별명에 자부심을 느끼며 일해 왔다.

독자들을 만날 때마다 듣는 말이 있다.

"사장님은 잠도 안 자고 글 쓰느냐, 사업은 언제 하고 글은 언제 쓰느냐?" 등 글 쓰는 시간에 대해 관심이 많았다.

그런데 솔직히 말해서 글 쓰는 시간이 아주 짧다.

매주 금요일 아침 일과가 시작되기 전 10~20분이면 족하다.

글의 내용이 평범하고 살아가는 이야기, 대부분의 사람이 느낄 수 있고 경험하거나 부딪치는 내용이기 때문이다.

연구하고, 참고서 찾고, 남의 서적 뒤질 필요 없이 피부에 와 닿는 대로, 눈에 보이는 대로, 보고, 느끼고, 보이지 않거나 아직 현실화되지 않은 내용은 이치에 맞게, 합리적인 기준에 의해 예측하여 쓰는 글이기 때문이다.

사람에 따라 세상을 보는 방법엔 차이가 있게 마련이다.

관심도와 평가기준, 제3자적 입장에서 보기 등 기준을 정해 놓고 기준자에 의해 분석 판정하는 습관과 능력이 필요하다.

다시 말해서 평가의 기준, 평가의 위치, 나 중심에서 벗어나기, 현재나 과거보다 미래를 보는 노력이 있다면 누구나 쓸 수 있는 글이다.

개혁보다는 개선에, 현상유지보다는 변화에 집중하였다.

이번 12집도 모두 같은 내용이고 과거에 썼던 칼럼 중 바뀌어야 할 현상, 바뀌어야 할 정책, 바뀌어야 할 의식이 5년이 지나도 바뀌지 않는 것들의 일부를 2장에 모아 보았다.

앞으로 13~20집까지 변함없이 같은 생각 같은 자세로 써나갈 예정이다.

독자들의 냉정한 지도 편달이 있기를 기대하며 지위고하를 막론하고 연령층을 고려하지 않고 잘못된 것은 잘못된 대로, 잘된 것도 잘된 대로 앞으로 변해야 할 것이 있다면 주저 없이 써 갈 것이다.

많은 관심 갖고 지속적으로 평가하면서 필자와 같은 생각으로 동참하는 독자들이 늘어난다면 더 큰 영광이 없을 것이다.

2013년 07월 18일

아버지가 물에 빠진 자식을 건지기 위해 물 속에 뛰어드는 것은 사랑의 감정이다.
사랑은 나 이외의 사람에 대한 행복을 위해서 발로된다.
인생에는 허다한 모순이 있지만 그것을 해결할 길은 사랑뿐이다.

— 톨스토이

2 비행기 타고 울릉도 간다

1978년부터 울릉도에 비행장이 필요하다는 여론이 있어 타당성 조사결과 '경제성 없음'으로 취소되었다. 그리고 2010년 경북지사의 공약으로 다시 경제성 평가를 했으나 또 '경제성 없음'으로 좌절되었다.

2011년 모 포럼에서 국토해양부 장관에게 '이은구 칼럼'을 보내 강력히 건의하여 2013년 07월 09일 '경제성 있음'으로 공항 건설이 확정되었다.

총 공사비 약 5,000억이 들고 2017년 정식 취항 예정이다.

필자의 생각이 하나하나 중요정책으로 채택될 때마다 큰 보람을 느낀다.

울릉도 공항이 건설되면 우리나라 관광객은 물론 일본, 중국을 비롯한 동남아 관광객이 몰려들 것이고 독도문제도 자연스럽게 풀릴 것으로 기대한다.

과거에 썼던 울릉도 비행장 관련 칼럼을 다시 한 번 게재한다.

울릉도 비행장 _2006년 06월 30일

독도를 놓고 한·일간에 한 치의 양보도 없이 대치하고 있다.

물론 우리의 입장에서는 역사적으로나 실효적 지배 면에서 당연히 우리 땅이다.

그러나 일본 쪽에서는 나름대로 논리를 펴면서 자기 땅이라 주장하고 있다.

동해를 일본해로 울등도와 독도 사이 해저명을 모두 일본식 지명으로 지정하는 데 성공했다.

경제적 우위를 바탕으로, 외교적 우위를 바탕으로 독도를 확보하기 위한 100년 동안의 치밀한 준비와 노력의 결실이다.

이에 비해 우리의 노력은 대단히 소극적이고 그때그때 문제가 될 때만 야단법석을 떠는 정도이다.

동해는 물론 동중국해까지 샅샅이 뒤져 한 치의 땅이라도 더 확보하려는 일본정부의 집념으로 보아 독도를 포기할 기미는 전혀 없다.

독도를 실효적으로 지배하는 우리나라로서는 대응하기가 여간 곤혹스러운 일이 아니다.

울릉도를 국제 관광지로 개발하는 아이디어가 있어 소개하고자 한다.

타당성 조사를 마친 것은 아니지만, 울릉도에 비행장을 건설하고 세계 관광객 특히 일본 관광객을 많이 유치하면 관광수입도 극대화할 수 있고 지척에 있는 독도까지 관광코스를 확대하여 실제 지배하고 있는 상황을 일본 관광객에게 보여줌으로써 다음 세대의 일본인들에게 독도가 한국 땅임을 인식시키는 효과까지 거둘 수 있을 것이다.

지금 전 세계는 관광객 유치에 열 올리고 있다.

특히 태국, 인도네시아, 필리핀, 베트남 등 동남아 저개발 국가에서조차 관광사업에 전력을 기울이고 있는 마당에 천혜의 관광자원을 갖고 있는 한국만이 이 분야에 눈을 돌리지 않고 있어 안타깝다.

정부는 지금부터라도 제주에 이은 제2, 제3의 관광특구를 만들어 외화수입은 물론 분쟁 중인 독도문제까지 일거에 해결하는 지혜를 발휘하여 주길 바란다.

2013년 07월 12일

어머니는 인생에서 최초의 인간관계의 대상이기 때문에 어머니에게 호감을 가지고 있는 사람은 대체로 인생을 보는 시선이 따뜻하다.

– 고쿠분 야스타카

3 실개천이 살아난다

필자는 2007년 11월 5일 자 칼럼 「실개천 경제」 이래 실개천 복원 문제와 4대강의 실개천과 연계개발 등의 글을 많이 썼다.

그런데 우연이긴 하지만 필자의 농장 앞을 지나는 실개천부터 복원공사가 시작되었다.

그 후 전국적 사업으로 번져 곳곳의 실개천이 말끔히 단장되거나 공사가 진행되고 있다.

전국의 실개천에 물이 흐르고 물고기가 서식하는 시대가 올 것 같아 설레인다.

2007년 11월 05일 자 칼럼과 2009년 01월 09일 자 칼럼을 다시 한 번 게재한다.

2013년 07월 05일

위대한 행동이라는 것은 없다. 위대한 사랑으로 행한 작은 행동들이 있을 뿐이다.
— 테레사 수녀

4 여초女超시대

대한민국 5,000만 인구의 최고 지도자인 여자 대통령이 중국 15억 인구의 최고 지도자로부터 극진한 대접을 받는 광경을 TV를 통해 보면서 가슴이 부풀어 올랐다.

필자만의 심경이 아니고 온 국민의 한결같은 느낌이었을 것이다.

필자는 일찍이 여자 대통령의 필요성을 강조했고 여자 대통령이 탄생했다.

그리고 오늘 같은 영광스런 모습을 보게 되었다.

우리나라는 오랫동안 남성 중심사회에서 여성은 늘 천대받으며 살아온 과거가 있었다.

그러나 지금은 어떤가?

각 분야에서 여성의 진출이 눈에 띄게 달라지고 있다.

여성이기 때문에 사회생활 제약받고 고위직에 오를 수 없다는 여성의 덫은 역사 속으로 사라졌다.

일부에선 이미 여초현상이 나타나고 있다.

초등학교에서 76.2%라는 압도적 여초 현상이 나타나 남성 비율을 높여야 한다는 이야기가 나올 정도이다.

모임에서 흔히 나오던 홍일점(남자 일색에 여자 1명이 참여할 때)이란 말도 사라진 지 오래 됐다.

금녀의 지역이었던 육사에도 여성의 진출이 크게 늘었다.

필자의 뇌리에 남아있는 강한 기억은 30명이나 되는 여성 집단에서 홍일점으로 군 생활을 했던 기억이고 인생의 멘토 또한 초등학교 여자 선생님이다.

여초 시대는 세계적 흐름이다.

술, 담배 잡기에 빠져있는 남성들에겐 꼭 필요한 동반자이면서 강력한 도전자임을 잊어서는 안 될 것이다.

여초 시대가 현실화될 경우 수백 년 동안 이어온 파벌 싸움과 지역감정 해소는 물론 부정부패도 크게 줄어들 것으로 생각된다.

'여성 50% 시대 (2012. 05. 18)' 칼럼을 다시 한 번 게재한다.

여성 50% 시대 _2012년 05월 18일

이번 프랑스 올랑드 내각의 특징은 여성 50% 기용이다.

스페인, 스웨덴에 이어 남녀평등 내각 구성 3호이다.

남성 전유물처럼 여기던 정치에 여성의 등장은 오래되지 않았다.

50여 년 전만 해도 대부분 한두 명 끼워 넣고 홍일점이라고 추켜세우는 정도였다.

이제 여성의 정치 참여는 대세다.

4.11 총선에서 여당, 야당, 제3당까지 모두 여성이 진두지휘했다.

3당 모두 승리를 자축할 정도의 좋은 성적을 올렸다.

그러나 공직사회에서는 아직도 남성의 비율이 월등히 높다.

임금도 남성에 비해 여성이 낮은 편이다.

내각은 물론 공직사회 구성 비율이 남성 50% : 여성 50%로 바뀌어야 한다.

실제 업무 추진력이나 생산성 면에서 여성이 남성에게 뒤지는 분야는 많지 않다.

도리어 여성이 담당한 쪽이 세심하고 신속하게 처리되고 있다.

그런데도 고위층으로 갈수록 여성의 비율이 낮은 것은 오랫동안의 관습에서 비롯된 폐습일 것이다.

우리 회사를 보아도 사무직은 물론 아르바이트, 생산직까지 남성보다 떨어지는 분야는 없다.

지금까지 남성이 담당하던 견적, 계약, 관리 실무분야에 여성을 채용하였다.

아직 결과는 나오지 않았지만 좋은 결과가 나올 것으로 믿고 있다.

나의 멘토는 여성이었다.

내가 가장 신뢰하는 정치인도 여성이다.

미국 국무장관이 되겠다고 열심히 뛰는 한국 출신 여성도 있다.

한국에서 버려진 아이가 성인이 되어 프랑스에서 장관이 되었다.

그도 여성이다.

산업현장에도 여성의 역할이 증대되고 있다.

중간 관리층은 물론 여성으로서 감당하기 힘들었던 용접 분야까지도 여성이 많이 진출하고 있다.

생활력에서 여성이 앞서고 있다.

남성들이 긴장해야 할 핵심이다.

술, 담배에 절어 세상 돌아가는 것도 제대로 감지 못하는 일부 남성들은 본인이 도태 대상임을 빨리 알아차려야 한다.

좋은 일자리는 여성이 다 차지하고 남성들은 허드렛일이 나 하는 신세가 될지도 모른다.

모든 분야에 여성의 비율이 50%에 이를 때 남성들이 앉아있을 자리는 좁아질 수밖에 없다.

양계장엔 수탉이 없다.

양돈장에도, 한우 농가에도 수컷은 모두 도태되었다.

전쟁이 일어나지 않는 한 남성이 설 자리는 좁아질 수밖에 없다.

2013년 06월 28일

우리 모두는 삶의 중요한 순간에 타인이 우리에게 베풀어준 것으로 인해
정신적으로 건강하게 살아갈 수 있다.

– 앨버트 슈바이처

5 쇼, 외면하는 국민이 있다

국민의식 속에 야당은 늘 반대만 한다는 인상이 짙다.

그러다가 선거 때 좋은 정책이 나오면 민심이 야당 쪽으로 몰리곤 한다.

그러나 그들도 집권하여 여당이 되면 똑같아진다.

다음 선거에서 모두 등 돌리고 또 반대당을 선택하는 경우가 빈번히 나타난다.

여당이 되는 순간 국민은 안중에 없고 자기와 자파의 이익만 생각하기 때문이다.

조선은 500년 동안 당파싸움으로 얼룩졌다.

대한민국은 민주화된 지 반세기가 지났다.

하지만 파당 싸움 정치는 아직도 그대로 진행 중이다.

우리 민족의 고질병 파당 정치, 집단이기주의를 몰아낼 진짜 위대한 지도자가 나와야 할 때다.

최근 이슈가 되고 있는 국정원 정치개입 문제로 정치와 멀어졌던 대학들까지 시국선언에 나서고 있는 상황이다.

자칫 사회가 혼란해질까 걱정되는 부분이다.

국정원의 정치개입 문제를 보는 일반 국민은 짜증스럽다.

과거 집권당의 프리미엄이었던 직·간접 개입이 95% 이상 사라졌지만, 아직 조금은 사라지지 않은 것이 사실이다.

우리 국민의 정서상 국정원 댓글 정도는 국민들이 이해하고 넘어갈 수 있는 수준임이 틀림없다.

TV 프로그램 속 적당한 간접광고는 용인되는 것과 같다.

그럼에도 사그라지기는커녕 점점 각계각층으로 번져나가고 있다.

답은 간단하다.

이미 밝혀진 사실을 감추려 하고 다른 이슈를 터트려 물타기 하려 하는 당사자들의 유치한 행동 때문이다.

과거의 잘못된 일은 깨끗이 인정하고 앞으로 같은 과오를 범하지 않도록 하겠다는 대국민 사과 또는 의지의 표현으로 해결될 수 있는 문제를 점점 키워가고 있으니 안타깝다.

갑자기 튀어나온 NLL 문제는 이번 이슈와 무관하다.

NLL 문제는 영토주권의 문제이고 영토수호에 대한 가장 큰 문제이다.

통치차원에서 신중히 다뤄야 할 사안이다.

정치놀음이나 국면전환용의 문제가 아니다.

정치인들의 차원 높은 대응이 필요하다.

국민은 전쟁 막아주고 먹고살 걱정 줄여주는 정부와 지도

자를 원한다.

사심 버리고 국민의 안녕과 행복을 추구하는 민생정치를 해주기 바란다.

똑똑한 국민 앞에서 저속한 '쇼'나 하는 정치인들을 지도자로 인정하지 않는다는 사실을 정치인들과 당국자가 깨달았으면 좋겠다.

2013년 06월 21일

사랑은 바위처럼 가만히 있는 것이 아니다.
사랑은 빵처럼 늘 새로 다시 만들어야 한다.
－어슬러 K 르귄

6 확인 95%는 신뢰이고 성공조건이다

교사생활을 할 때 필자의 별명은 '컴퓨터'였다.

내 젊었을 때의 생활 중 아직도 가장 기억에 남는 일을 말하라 하면 주저 없이 말할 수 있는 것이 있다.

미술 평가 방식이다.

학생들에게 그림을 그리게 하거나, 포스터, 디자인, 조각 등 어느 시간이든 작품이 완성되면 평가를 했다.

교단에 10명씩 자기 작품을 들고 있도록 하고 평가점수를 불러준다.

0.5초 이내의 판정방법이고 공개채점 방식이다.

채점이 끝나면 작품을 서로 바꾸거나 위치를 바꿔 선생님이 기억을 할 수 없도록 한 후 다시 채점결과를 발표한다.

처음처럼 0.5초 간격으로 판정해준다.

결과는 처음 받은 점수 그대로다.

100% 정확하다.

학생들의 탄성 소리가 들린다.

그리고 그 학생들은 집에 돌아가 일기장에 그 사실을 기록하고 담임선생님들은 그 내용을 읽어보고 역시 감동한다.

10년 동안 한 번도 평가를 하지 않고 지나간 일이 없다.

학생들의 준비물 검사를 하지 않아도 100% 준비하여 매질하거나 꾸지람할 필요 없었다.

이것이 '95% 확인 정신'이다.

나도 확인하고 상대방도 확인하고 채점결과는 늘 정확했고 신뢰도는 물론 100%일 수밖에 없다.

학생들은 미술 시간을 고대하고 선생님은 학생에게 신뢰를 심어주었던 기억이 30년이 지난 지금도 생생하고 자랑거리 1호로 간직하고 있다.

모든 직장에서 모든 사람이 95% 상호 확인 습관을 갖는다면 안 되는 일이 없을 것이다.

그저 적당히 상대방 눈치나 보면서 기분 맞춰주고 나도 편한 방법을 찾는 보통사람들의 행태가 곧 대한민국 사회에 만연된 적당주의 정신이다.

회사를 경영하면서 95% 정신은 더욱 빛났다.

'지시는 5%, 확인은 95%' 이것이 필자가 경영하는 회사의 사훈이다.

'매일매일 달라져라, 그렇다면 성공할 것이다!'라는 18년간 써오는 '이은구 칼럼집'의 부제이다.

대부분 지도자가 지시만 장황하게 늘어놓고 확인 절차는

밟지 않는다.

'알아서 잘하겠지, 잘했겠지.' 등으로 확인 없이 상대방을 믿으면 되는 줄 알고 있다가 낭패 보는 일이 허다하다.

중소기업의 평균 수명이 3.8년밖에 안 된다.

철저한 준비, 철저한 확인, 평가 그리고 매일 개선 없이 되는대로 경영하기 때문에 실패하는 것이다.

회사가 크고 작은 것과는 상관이 없다.

일단 회사를 차리거나 사업을 시작하거나 어떤 일이든 철저히 확인하고 매일 보완하는 습관을 들여야 실패율이 낮아지고 상대방에게 믿음을 줄 수 있어 거래처 찾아다니며 부탁하지 않고 갑의 횡포도 잠재우며 앉아서도 장사할 수 있다.

2013년 06월 14일

'사랑의 감정'이란 대뇌에서 도파민, 페닐에치아민, 옥시토신의 세 가지 물질이 대뇌에서 분비되어 서로 칵테일처럼 섞이는 과정에서 발생하는 화학반응이다.

— 하잔 박사

7 내 차 타고 중국 대륙 달리는 꿈

6·25전쟁 때 중국의 백만 대군이 북한을 지원하기 위해 압록강을 건넜다.

1953. 05. 27 휴전협정이 이루어지기 직전까지 3.8선을 중심으로 치열한 전투를 하였다.

북한군을 대리해 싸운 것은 중공군이었다.

특히 백마고지를 서로 차지하려고 10여 일에 걸쳐 12차 례나 주인이 바뀌는 싸움의 상대는 북한군이 아닌 중공군이 었으니 중공군은 적군이었다.

그런 적대국의 총지휘관인 총참모장(합참의장)과 우리 군 의 총지휘관인 합참의장이 베이징에서 마주 보고 앉아 북한 의 비핵화와 한·중 간의 군사교류 및 직통전화(핫라인) 설 치에 합의하고 청도에 있는 북해함대를 같이 시찰하는 사건 이 벌어졌다.

우리 공군기를 타고 중국에 들어간 것도 이례적이다.

이런 상황을 보고만 있어야 하는 북한정권의 최고 지도자

심정은 어떨까?

상상만 해도 통쾌하지 않은가!

이제 곧 우리나라 대통령이 중국을 국빈으로 방문하여 시진핑 최고지도자와 베이징에서 회담을 하게 된다.

늘 중국의 속국처럼 살아온 수천 년의 한을 털어버리고 중국과 대등하게 교류하는 대한민국!

정말 경사스럽고 자랑스럽지 아니한가!

경제교류와 정치교류에 이어 군사교류까지 지구상에서 가장 큰 나라가 이웃이고 형제지간이 된 것으로 만족하지 말고 이참에 인천과 청도 사이의 바다 밑을 달리는 해저터널을 생각하는 것은 어떨까?

전 정권부터 검토했으나 결론을 내지 못한 한·중 간의 해저터널을 건설하는 협정을 하고 돌아왔으면 좋겠다.

무비자로 내 차 타고 중국대륙을 달리며 "대한민국 만세!"를 부르는 날이 올 것만 같다.

아직은 꿈이고 미래일 뿐이지만 전혀 불가능한 상상이 아니다.

아침 먹고 이웃동네 가듯 내 차 타고 청도거리, 북경거리를 질주하고 저녁에 돌아오는 날이 빨리 와야 할 텐데…….

한·중 해저터널 공사가 하루빨리 이루어지길 기대해 본다.

2013년 06월 05일

8 청백리제도가 필요하다

TV 화면에 비치는 화려한 의상, 장신구, 실내 인테리어, 조명 등 호화판 장면이 온종일 서민들의 눈을 혼란스럽게 하는 TV 보기 겁난다.

부정, 비리 기사로 가득한 신문 보기 짜증 난다.

새로 출범한 고위공직자의 재산 평균이 18억이다.

하루 벌어 하루 먹고사는 서민들 억장 무너진다.

고위공직자들의 전직이 대부분 교수인데 교수 월급이 그렇게 많단 말인가?

아니면 부정한 방법으로 불린 재산인가?

의심스러운 점이 한두 가지가 아니다.

청문회 때마다 재산 형성 과정이 문제 되는 것과 무관치 않다.

고위공직자들이 청렴해야 말단공직자들의 부정부패도 줄어들 수 있다.

법과 제도만으로 부정부패 근절하겠다는 발상을 바꿔야

한다.

공직자들의 생활태도가 바뀌어야 부정부패가 사라질 것이다.

조선시대에 있었던 청백리제도의 부활이 필요하다.

우리 조상의 족보를 보면 청백리제도가 있었음을 알 수 있다.

필자는 청백리 조상 때문에 지금 우리가 잘살지 못한다고 푸념한 일이 있다.

지금 생각해보면 대단히 잘못된 생각이었다.

청백리로 선정되면 관료는 물론 직장마다 청백리 상 받은 사람의 사진과 공적을 홍보하는 청백리 코너를 만들고 청백리 우대정책도 펴야 된다.

가능하면 후손에게까지 혜택(입시, 취업 등)이 돌아가도록 하여 청백리제도가 빨리 정착되어 부정부패가 없는 세계의 모범국가가 되었으면 좋겠다.

다시 한 번 강조하지만, 법과 제도만으로 모든 비리를 근절하겠다는 발상 버리고 청렴한 생활문화와 전통으로 만들어야 한다.

우리 사회에 만연하고 있는 과소비 풍조도 사실은 부유층과 연예인들의 무절제한 생활을 따라하려는 대중심리 때문이다.

지도층과 부유층 그리고 연예인들의 절제된 생활이 확산

된다면 우리 사회는 지금보다 더 행복하고 희망이 넘쳐나는 세상이 될 것이다.

2013년 05월 29일

서로의 본성이 다르다는 사실을 무시하기 때문에 남자는 여자한테 남자처럼 생각하고 반응하기를 기대하고, 여자 역시 마찬가지이기에, 온 세상은 오해와 사고와 문제로 가득한 것이다. 그러므로 남녀가 서로를 이해하지 못한다는 사실을 이해한다면 서로를 이해하기 시작할 수 있을 것이다.

— 마르코 폰 뮌히하우젠

9 가족

나 어렸을 때 아버지, 어머니, 동생 둘, 그리고 나. 다섯이서 한방에 한이불 덮고 자던 때가 있었다.

자다 보면 다리가 엇갈리고 팔로 얼굴을 덮기도 하면 자다 깨고 또 자고 하면서도 훈훈한 온기를 느낄 수 있었다.

가족 중 한사람이 감기에 걸리면 모두 감기를 앓았고, 배탈이라도 나면 모두 밤잠을 설치기도 했다. 그래도 누구 하나 불평하지 않았던 기억이 지금도 생생하다. 모두 가족이기 때문에 견딜 수 있었다.

우리 부부는 늘 한방을 쓴다.

주변 사람들 친지들의 대화를 들어보면 딴방이 대세인 것 같다.

다들 딴방 쓰는데 우리도 딴방 쓰자는 말이 주기적으로 제기되지만 난 늘 반대했다. 가족이고 부부이기 때문이다.

물론 따로따로 자면 편한 점도 많다.

자다가 깨는 일이 줄어들 수 있고, 눈치 보지 않고 행동할 수 있고, 잠자고 일어나는 시간도 맘대로 조절할 수 있고, TV 보는 시간도 맘대로 조절 가능하고 프로그램 선택도 자유로울 수 있는 등 많은 이점을 알면서도 한방을 고집하는 이유는 단순하다.

가족이고 부부이기 때문이다. 가족은 불편을 불편으로 생각하지 않고, 아픔을 아픔으로 생각하지 않는다. 같이 온기를 느끼고 숨소리 리듬에 맞춰 자고 깨고 바로 하나가 될 수 있기 때문이다.

자주 만나는 이웃사촌이 촌수가 가까운 친척보다 낫다는 말이 있다.

자주 만나고 자주 접촉하며 하나의 감정으로 행동할 수 있기 때문이다.

나는 역발상 글을 18년째 쓰고 있다. 역발상에 익숙해지지 않은 아내와는 작은 의견충돌이 자주 발생한다. 어제는 지속되던 작은 이견들을 장시간 토론을 거쳐 모두 해소시키는데 일단 성공했다.

그리고 한방에서 따로 이불을 덮던 것을 한이불 속에서 자기로 했다.

좀 불편한 점이 있어도 온기를 느끼고 숨소리에 맞춰 같이 코 골면서 자면서 행복을 찾을 수 있어 좋았다.

가족의 중요성을 생각해보고 부부가 각방 쓰는 것 자랑 말고, 한방에서 오손도손 온기 느끼는 재미를 찾아보길 권한다.

2013년 05월 24일

10 노인정을 치매예방센터로

    필자가 어렸을 때, 할머니 방문이 밖으로 잠긴 것을 자주 보았다.

    할머니는 문에 붙은 창호지를 모두 뜯어내고 때로는 변을 창살에 덕지덕지 발라 놓고 있기도 했다.

    농촌에서 치매 노인을 돌볼 수 없어 밭에 나갈 때는 방문을 걸어 잠그고 나가기 때문이었다.

    치매는 암보다도 더 무서운 병이라고 한다.

    암은 치료가 안 되면 일정 기간 고생하다가 죽게 되지만 치매는 한번 걸리면 사망까지 10년~20년을 고생해야 하고 가족이 붙어 수발하거나 요양원이나 요양병원으로 보내야 하지만 본인이나 보호자에겐 죽을 때까지 정신적, 육체적, 금전적 부담을 안고 살아가야 한다.

    15일은 스승의 날을 맞아 은사 선생님 몇 분을 모시고 식사를 대접했다.

담임을 맡았던 은사 선생님은 치매기가 있어 거동이 불편하고 귀가 어두워 대화가 어렵다 하여 모시지 못했다.

치매는 선생님도, 일국의 대통령, 수상도 잘 걸리는 병이니 언제, 누가 걸릴지 모르는 아직 정확한 원인조차 알지 못하는 노인병이다.

최근 치매 환자가 급증하여 전국에 54만여 명으로 추정되는 치매 환자가 있다.

서울과 수도권엔 치매지원센터가 있어 일부라도 수용이 가능하지만 지방이나 농촌엔 그런 시설이 없다.

여유가 있는 집안에서는 형제들끼리 요양비를 갹출하여 요양원으로 모시기도 하지만 그렇지 못한 가정에서는 가족이 몸으로 때워야 한다.

환자가 발생하기 전 예방교육이 필요하다.

아직은 정부 차원의 예방프로그램이나 시설이 부족하고 급증하는 노인들 스스로 치매 예방 상식이 없어 앞으로 큰 사회문제가 될 것이 뻔하다.

정부와 지자체 그리고 언론이 빨리 나서야 한다.

이미 발생한 환자의 치료도 문제지만 앞으로 발생할 예비환자에 대한 교육과 관리가 절실하다.

마을 노인들이 모여 잡담하고 바둑, 장기, 화투놀이로 소일하는 노인정(마을회관)을 치매예방센터로 전환하고 지역보건지소의 직원이 예방교육을 맡는다면 큰 예산 들이지 않고도 치매 환자를 줄이는데 크게 기여할 것이다.
정부 당국의 신속한 조치가 필요하다.

2013년 05월 16일

우리는 흔히 훌륭한 사람을 찾기에 분주합니다.
그러나 내가 먼저 훌륭한 사람이 될 때 더 쉽게 훌륭한 사람을 만날 수 있습니다.

– 금병달

11 을로 살아가는 지혜

　남양유업의 밀어내기 횡포를 참다못해 들고일어난 대리점 점주들의 집단 반발사건은 과거부터 있었던 관행적 갑을 관계가 곪아 터진 하나의 사건일 뿐이다.

　발주자와 시공자는 늘 갑을관계에서 벗어날 수 없고 갑의 요구에 반한 시공은 곧 재시공으로 큰 피해를 감수해야 하거나 협력업체에서 탈락하여 회사를 접어야 하는 상황까지 올 수 있으므로 좀 부당한 요구도 수용해야 하고 아니꼬워도 참고 넘어갈 수밖에 없고 그 길이 그나마 갑을 관계의 끈을 유지할 수 있는 유일한 방법이다.

　제조업자와 대리점 관계, 대리점과 소매점 관계 등 업종마다 특수성은 있지만 모두 갑을 관계로 연결되어 있고 을이 갑을 상대해서 대들 수 있는 상황은 아니다.

　동물의 세계나 인간의 세계에서 강자가 약자를 지배하고 잡아먹는 약육강식의 질서가 뒤집힐 수 없는 것이 세상사는 이치이니 약자는 강자의 야욕 앞에서 무릎 꿇고 모든 수발

들면서 살거나 강자의 올가미에서 벗어날 수 있는 비책을 강구해야 한다.

강자보다 월등히 앞서는 기술력을 갖거나 강자가 따르지 못하는 시스템과 순발력을 갖추지 않고 강자와 맞장뜨려는 용기는 곧 죽음의 길임을 약자들은 알아야 한다.

갑에 의존하는 거래관계에서 갑과 을이 공생하는 관계로 전환할 수 있다면 이상적이겠지만 일시적 현상에 그칠 수밖에 없다.

남양유업 사건을 계기로 대기업의 횡포는 일정 기간 줄어들겠지만, 완전소멸은 불가능하다는 것을 약자들이 알고 대처해야 한다.

약육강식의 틀 속에서 살아남는 지혜, 갑을관계를 뒤집을 수 있는 월등한 기술력과 시스템 그리고 어떤 경우(갑을 관계의 단절)에도 또 다른 구매 루트와 매출처를 확보하는 것이 오래오래 살아남는 길이다.

중소기업(자영업 포함)의 평균수명이 3.8년밖에 안 되는 현실에서 장수기업이 되는 길은 스스로 기술개발하고 자금 축적하고 시스템 구축하는 길뿐이라는 걸 이번 남양유업사건의 교훈으로 삼아야 할 것이다.

2013년 5월 10일

12 사죄와 반성의 마무리 시점

일본 아베 정권이 들어서면서 한일관계는 물론, 중일 관계가 계속 악화하고 있다.

영토분쟁이 심화하고 과거사 문제, 특히 위안부 문제가 지속하고 있는데 과거에 비해 총리가 앞장서서 과거 문제를 전면 부정하는 발언을 하여 피해국민을 극도로 자극하고 있는 반면 자국 내에서는 지지율 급상승이라는 특수효과를 누리고 있다.

한술 더 떠서 미국대사는 "과거사는 반성할 만큼 했고 사죄도 충분히 했다."라면서 반성과 사죄에 대한 새로운 문제를 제기하였다.

피해를 받은 민족으로선 대단히 분개할 일이지만 당사국과 국민 입장에선 주미대사의 말대로 반성할 만큼 했고 사죄도 했으니 더 이상 사죄는 곤란하다는 직접적 표현일 것이다.

사실 일본은 정권이 아주 자주 바뀐다.

수도 없이 바뀌어 우리가 각 부장관을 기억 못 하듯이 총리를 기억할 수 없다.

그러니 바뀔 때마다 사죄와 반성을 반복한다는 것은 우리로선 지극히 당연하지만, 그들로선 지나치다고 생각할 수도 있다.

이쯤 해서 피해 당사국인 한국과 중국, 가해자인 일본이 같이 앉아 앞으로의 사죄와 반성의 범위 또는 진정성 문제를 같이 협의하여 합의점을 찾도록 하면 좋을 듯하다.

피해자와 가해자의 합의 또는 적절한 배상이 있으면 지속적으로 반성하고 사죄하는 절차는 이쯤에서 종료되어도 좋을 것이다.

사죄의 탑을 세우고 새로 취임하는 총리가 참배하는 것으로 끝내는 것도 한 방법이 될 것이고 위안부 문제도 정부가 먼저 배상하여 마무리 짓고 일본에 구상권을 행사하는 등의 방법으로 매듭지어야 양국의 국민감정이 완화되고 이웃사촌처럼 친하게 상생하는 관계로 발전할 수 있을 것이다.

이 글이 국민감정을 불러일으킬 수도 있지만 단 한 번이라도 상대적 입장에서 생각하고 가해자가 매번 형식적 사과만 하는 것보다 단 한 번이라도 진심 어린 사과를 하고 후손들도 알 수 있도록 사죄탑을 세우는 것이 양국관계 정상화에 도움이 되지 않을까 생각한다.

2013년 05월 03일

13 철원공단 구상

50년간의 투자 보장만 믿고 개성공단에 입주한 123개 기업이 '폐쇄냐, 조업 재개냐'의 갈림길에서 잠을 설치며 기다리고 있다.

남한 근로자 800명과 북의 근로자 54,000명의 생계가 북측의 일방적 조치로 17일째 위협받고 있다.

기다리다 못한 정부가 최후통첩 형식으로 공단 재개 여부를 답변하라는 시한이 경과한 지 한 시간 후에 이 글을 쓴다.

상황이 어떻게 전개될지는 모르지만 시간이 약이라고 생각하며 2007년에 썼던 철원공단 구상을 다시 한 번 게재하며 남과 북의 최고 지도자는 기싸움 접고 7,000만 겨레의 안전과 행복, 그리고 세계를 움직이는 한반도의 통일대국을 건설하기 위한 통 큰 결단을 해주길 바란다.

철원공단 구상 _2007.10.27

개관 준비를 완료한 철원 평화 전망대에 올랐다.

철의 삼각지 평야가 한눈에 들어왔다.

철의 삼각지는 철원, 김화, 평강의 3개 군을 통합하여 부르는 말로 6 · 25 전쟁 때 붙여진 이름이다.

철의 삼각지 평야엔 1,100여 년 전 궁예가 삼국 재통일을 꿈꾸며 건설하였던 후고구려 궁예 궁터를 비롯하여 백마고지, 남침용 제2땅굴 등 관광지로 개발되었거나 앞으로 개발할 여지가 많은 곳이다.

그중 백마고지는 1952년 10월 2일부터 15일까지 10일간 24회나 주인이 바뀐 6.25 최대 격전지이다.

해발 395미터의 나지막한 산 하나에 30만 발의 포탄을 퍼부어 산 높이가 1m나 낮아졌으며 아군 3,000여 명을 비롯하여 중공군 15,000여 명을 포함하여 2만여 명의 젊은 생명이 희생된 피비린내가 진동하였던 전장이지만 지금은 관광객이 몰려드는 안보관광지로 탈바꿈한 곳이다.

주변 지역에 궁예 궁터가 있으나 아직 민간인의 접근이 되지 않는 불모지일 뿐이다.

평화 전망대 정면에 펼쳐진 평강평야엔 가을 햇살이 따갑게 내려쬐지만 인적도 없고 잡초만 무성할 뿐 작물 재배도 되지 않는 불모지로 방치된 채 철새 떼들만 자유로이 왕래하고 있다.

철원 평야와 평강평야 그리고 김화를 잇는 철의 삼각지 평야를 보는 순간 필자에겐 강한 역발상이 발동되었다.

이곳을 대규모 공단으로 조성한다면 또 하나의 남북 경협의 성공 모델이 될 것 같았다.

남쪽의 우수한 기술력과 자금력으로 공단을 조성하고 북쪽의 저렴한 노동력이 합쳐진다면 또 하나의 수출 전진기지가 될 것이다.

그리고 통일이 되었을 때 동북부지역을 개발할 수 있는 남북 경제의 동북부거점 도시가 될 것 같았다.

지금은 쌍방 간에 대규모 병력을 집결시켜놓고 24시간 초긴장 상태로 상대방의 동태를 주시하고 있지만, 남북이 공동공단 또는 상호 협력 공단을 조성하는데 합의한다면 일순간에 활력이 넘쳐 나는 산업의 현장으로 변할 곳이다.

아직도 우리 사회는 수구세력과 진보세력 간의 대립 속에 살고 있다.

전선에서 남과 북의 대규모 병력이 젊은 피를 허비하고 있다.

155마일 휴전선에서의 동족 간의 대결을 종식시키고 남남 화해와 남북 화해의 대과제를 풀어낼 통 큰 지도자를 찾아야 할 때이다.

세계는 도처에서 불꽃 튀는 경제 전쟁을 하고 있는데 우리는 아직도 이념전쟁을 하고 있다.

무능한 지도자들의 권력욕을 충족시켜 주기 위해 허위 정보를 만들고 민심을 날조하는데 여념이 없던 남북 참모들의 대반란이 일어나야 한다.

그들이 앞장서서 대화를 주선하고 공동 번영을 모색하도록 국민 모두가 압력을 행사해야 한다.

서로 대결하면 적이 되는 것이고 서로 협력하면 동지가 된다는 평범한 진리도 우리 사회엔 통하지 않는 느낌이 들어 안타깝기만 하다.

2013년 04월 26일

사랑에 빠지기는 쉽다. 사랑에 빠져 있기도 쉽다.
인간은 원래 외로운 존재이므로. 하지만 한 사람 곁에 머물면서
그로부터 한결같은 사랑을 받기란 결코 쉽지 않다.

－안나 루이스 스트롱

14 나라꽃 바꾸자

국회의사당 주변에도, 청와대 가는 길에도, 가야산 중턱에도 봄이면 전국 방방곡곡에 흐드러지게 피는 벚꽃…….

삼천리강산을 뒤덮은 벚꽃은 우리나라 꽃인가? 일본 꽃인가?

벚꽃은 원래 제주도가 원산지란 말이 있지만 지금 와서 우리 꽃이라 우길 순 없다.

그렇다면 우리나라 꽃은 어느 곳에 숨어있단 말인가?

이승만 대통령이 하와이에서 망명생활을 할 때 소담하게 핀 무궁화를 보았던 기억으로 대통령에 취임한 후 무궁화를 나라꽃으로 지정하여 오늘에 이르고 있으나 일본의 사꾸라 꽃과 비교하면 크기나 번식력, 화려함 등 모든 면에서 자웅을 겨룰 수 없는 초라한 꽃이다.

무궁화는 본시 열대지방 식물로 온대지방인 우리나라와는 기후 조건이 맞지 않아 오래전부터 전국에 산재하여 자랐었지만, 국민의 사랑을 받을 만큼 아름답지도 화려하지도 못하며 진딧물이 달라붙어 보기 흉할 때가 더 많은 꽃나무이다.

반면 사꾸라(벗꽃)는 임진왜란 이후 우리나라에 퍼진 꽃나무로 주로 열매로 번식하므로 심지 않아도, 가꾸지 않아도 산야에 자생하는 생명력이 강한 꽃나무이다.

개화기간이 길며, 꽃송이가 뭉쳐 화려고 척박한 토양에서도 잘 자란다.

4월이면 진해 벗꽃놀이부터 시작하여 여의도 벗꽃놀이까지 전국에서 벗꽃놀이 축제가 벌어지는데 우리나라 꽃인 무궁화는 국회의사당 주변에서도 찾아보기 힘든 꽃나무로 국민들 관심 밖에 있어 늘 외롭게 피었다 지는 신세이다.

간혹 애국심이 강한 묘목업자들이 개량하여 보급하고 있으나 번식력이 약하고 관리가 힘들어 일반 대중들과 거리가 먼 볼품없는 꽃일 뿐이다.

그러함에도 정부는 나라꽃 보급이나 관리는 물론 우리 토양과 기후에 맞는 수종 개량 같은 것은 관심도 두지 않고 있다.

차라리 나라꽃을 폐기하고 새로운 나라꽃을 정하는 것이 좋겠다.

현재 전국에서 피고 지는 꽃들은 장단점이 있다.

봄에 피는 진달래, 개나리, 목련, 가을에 피는 백일홍(배롱나무) 등이 전국에서 많이 볼 수 있는 꽃나무이지만 사꾸라와 대적하기엔 역부족이다.

시간이 걸리더라도 우리나라 꽃으로 특히 일본 꽃나무 사꾸라와 대적할만한 새로운 꽃나무를 만들어 내야 할 것이다.

꽃은 봄, 여름, 가을 내내 피지만 봄꽃이 희망에 부풀어 있는 모든 이의 마음을 사로잡을 수 있으니 봄꽃을 개량하는 것이 좋겠다.

북한도 김정일화를 지속 개량하여 보급하고 있지만, 이 또한 사꾸라와는 비교가 되지 않으므로 남북한이 공동으로 심고 가꾸고 감상할 수 있는 꽃나무, 칠천만 겨레의 혼이 담긴 나라꽃 개량 사업을 벌여야 할 것이다.

2013년 04월 19일

배우는 길에 있어서는, 이제 그만하자고 끝을 맺을 때가 없는 것이다. 사람은 그 일생을 통하여 배워야 하고, 배우지 않으면 어두운 밤에 길을 걷는 사람처럼 길을 잃고 말 것이다.

— 태자

15 이겨도 도토리 져도 도토리

지금 한반도에서는 '도토리 키 재기' 게임이 한창 진행 중이다.

서로 상대방을 비방하며 곧 공격을 할 것처럼 으르렁대고 있다.

세계 각국의 취재진들이 속속 들어와 특종을 터트리기 위한 준비를 하고 있다.

금방 전쟁이라도 일어날 것 같은 분위기이지만 국민들은 전혀 동요하지 않는다.

취재진들은 그런 국민들의 모습에 놀라고 있다.

도토리들의 게임을 조종하는 강자들도 한 발짝씩 물러서고 있는 느낌이다.

전 세계 119개국에 동시 발표한 싸이의 젠틀맨의 흥행과 류현진의 호투에 더 관심을 갖는 한국민의 배짱에 혀를 차고 있는 취재진의 모습이 더 볼만하다.

특종 터트리러 머나먼 곳에서 몰려든 취재진이 도리어 볼

거리가 되고 있으니 말이다.

전국에서 벌어지는 벚꽃 축제장으로 향하는 발길만 분주하니 취재진에겐 이것이야말로 특종 중의 특종일 것이다.

통일부 장관의 어정쩡한 대화 제의에 박근혜 대통령의 강도 높은 대북 대화 제의는 도토리 키 재기 국면을 단숨에 대화 국면으로 전환시키는 계기가 되었다.

약자가 먼저 고개 숙이고 대화를 청하면 굴복으로 비치지만 강자가 양보하고 져주는 것은 굴복하는 것이 아니다.

싸우지 않고 대화로 푸는 쪽이 진정한 강자이다.

전쟁 분위기를 고조시키는 북한 당국과 일부 언론의 맞장구에도 아랑곳하지 않는 대한민국 국민의 믿음직스러운 모습과 전쟁분위기를 조성하기 위해 독을 뿜어대는 북한 지도자의 도발에 아랑곳하지 않는 우리 지도자의 모습에 찬사를 보낸다.

우리나라에서 전쟁이 벌어지면 강대국들의 결전장이 될 텐데 한민족끼리 서로 도와가며 평화롭게 살아가는 모습을 세계에 보여준다면 세계가 또 한 번 놀랄 것이다.

키가 엇비슷하고 힘이 엇비슷할 때 싸움이 잦다.

한쪽의 기량이 월등할 때는 싸움은 일어나지 않는다.

약한 쪽이 먼저 덤비면 박살 나기 때문에 덤비지 못하고 강한 자는 덤빌 테면 덤벼봐라, 느긋하게 덤비기를 기다리다 보면 싸움은 일어나지 않는다.

우리 국민이 이렇게 차분한 건 바로 힘의 균형이 이미 깨졌다는 것을 알고 있기 때문이다.

강한 자는 덤비거나 선제공격을 하지 않고 기다린다.

때론 양보하고 져줘도 그것이 이기는 길이기 때문이다.

2013년 04월 12일

그대는 다른 사람을 질투하고 복수하려고 할 것이다. 그러나 그 사람이 내일이면 죽는다고 생각해보라. 그 사람에 대한 당신의 나쁜 감정은 씻은 듯이 사라져 버리고 말 것이다. 병, 영락, 환멸, 파산, 친구와의 이별, 이런 모든 것은 처음에는 다시 찾을 수 없는 손실이라 생각한다. 그러나, 때가 지나면서 이런 손실 속에 깊이 숨어있는 회복력이 나타나기 시작하는 것이다. 참된 삶을 맛보지 못한 자만이 죽음을 두려워한다.

— 메어

16 밑 빠진 독은 교체해야

김영삼 대통령 때 농촌을 살리겠다고 막대한 재정을 농촌에 퍼부은 일이 있다.

그러나 농촌은 살아나지 않았다.

지금도 곡물가를 안정시키고 농촌을 살리기 위해 논농사직불금, 밭농사직불금 등 경작 보상금을 주고 있다.

벼 재배 농업인의 소득안정을 위해 시행하고 있는 직불금은 고정직불금과 변동직불금 등으로 다양하게 지원하고 있으나 농촌은 점점 피폐해지고 있다.

젊은이들이 모두 도시로 떠났기 때문이다.

70대 이상 노인들만 농촌을 지키고 있어 이들이 모두 세상을 떠나면 그땐 어쩌려는 건지 장기적인 농촌대책이 없다.

젊은이들이 농촌으로 돌아오도록 해야 한다.

각종 세금에 농특세가 있는데 이 세금을 젊은이 유인책으로 써야 한다.

박근혜정부가 시작한 국민 『행복기금 제도』 빚더미에서 벗어나지 못하고 있는 국민의 채무부담을 덜어주어 자립할 수 있도록 하는 제도이다.

결과적으로 '밑 빠진 독에 물 붓기'가 될 소지가 많다.

차라리 상환기간을 10년 이상 연장하여 서서히 회생하도록 기회를 주는 것이 좋을 것이다.

탕감은 곧 공짜이고 공짜정신이 몸에 배면 회생은 영원히 불가능함을 알아야 한다.

조선시대에도 흉년이 들 때마다 빈민을 구제하기 위한 장치가 있었다.

세종 때 상평청을 비롯하여 1525년(중종 20년)엔 진휼청을 두어 굶주리고 굶어 죽는 백성이 없도록 화폐(엽전) 발행권까지 주어 강력히 실천하였다.

1894년 이 제도가 폐지될 때까지 무려 369년이나 실시했던 빈민구제 기구였다.

조선 500년 내내 굶주리는 백성을 구제하기 위해 상평청을 비롯하여 선혜청, 균역청 등으로 이름을 바꿔가며 시행했지만 서민 생활은 크게 나아지지 않았다.

고기 잡는 방법을 가르쳐주지 않고 나눠주는 일에만 힘썼기 때문이라 생각된다.

10년~20년 내다보며 근본적인 해결책을 제시하고 지속적으로 실천해야 한다.

밑 빠진 독은 하나씩 교체해야 그 효과가 나타나기 시작한다.

5년 만에 끝나는 정부가 정치적 차원으로 단기 성과에 집착하면 밑 빠진 독은 교체할 수 없다.

단기처방으로 당장 먹고살기 힘든 서민들을 위해 하루 5만 원씩 현금으로 지급하는 취로사업부터 시행하고 단속만 강화하는 노점상도 세금 내고 위생 검사 받으며 떳떳하게 장사하도록 노점상거리를 활성화시킨다면 서민 생활 안정은 물론 관광상품이 되어 일석이조一石二鳥의 효과를 거둘 수 있다.

일자리 창출에 앞서 500만 개에 달하는 자영업자들에게 일거리를 제공하는 대책이 필요하다.

500만 개 자영업체가 일손이 달려 한 사람씩만 더 채용해도 일자리 500만 개가 생긴다.

단기적 성과에 집착하지 말고 장기적으로 성과 날 수 있는 정책개발을 하고 지속적으로 실천하는 시스템이 필요하다.

2013년 04월 05일

나는 간소하면서 아무 허세도 없는 생활이야말로 모든 사람에게 최상의 것.
육체를 위해서나 정신을 위해서나 최상의 것이라고 생각한다.
― 아인슈타인

17 가방끈 사회

고위공직자 청문회의 단골메뉴(주민등록법 위반, 부동산 투기, 탈세, 논문표절) 중 논문표절이 가장 많이 회자되고 있다.

최근엔 연예인, 체육인 등으로 번지고 있는 양상이다.

근본 원인은 능력보다 가방끈이 길어야 대우받고 승진이나 좋은 부서에서 일할 수 있기 때문에 학력을 높여야 하고 그 과정에서 학위논문이 필요하기 때문이다.

학위를 받기 위해 야간 대학원에 적을 두고 대학생 리포트만도 못한 논문을 제출해야 한다.

다 그런 건 아니지만 많은 사람이 표절을 하고 대필을 해서라도 학위를 따려는 것은 아직도 학력이 우선하기 때문이다.

지난 시대의 사회적 현상인 논문표절, 주민등록이전, 다운계약서 등은 지금의 잣대로는 죄이지만 당시의 잣대론 죄의식 없이 관행으로 이루어지던 일이다.

이명박 정권이 잘한 것 중 고졸취업을 장려하는 정책이 돋보인다.

대기업을 중심으로 고졸취업이 확산되고 있는 현상은 학력 위주 사회의 각종 폐단을 줄이고 능력과 열정을 중시하는 국가정책의 일환으로 앞으로도 지속적으로 확대되어야 할 과제이다.

중소기업 취업을 기피하던 대졸자들의 사고가 변하고 있다.

중소기업에 취업생이 몰리기 시작하고 있다.

필자가 운영하는 회사에도 그런 현상이 확연하다.

지난번 채용엔 한나절 사이에 42대 1이라는 놀라운 경쟁률을 보인 일이 있다.

대학원 졸업자가 채용되었다.

그러나 그는 6개월을 채우지 못하고 중도 퇴사했다.

실망스러웠다.

학력이 높다고 현장에 잘 적응하고 장기근속하지는 않는다.

현장에서는 학력이나 학위보다 능력과 의지력, 도전정신이 더 필요하다는 것을 아직 모르고 있다.

필자가 공부할 때는 대부분 국민이 가난할 때라서 정규대학이나 각종 검정고시에 합격하면 모두 좋은 직장에서 일할 수 있었다.

중등 교원 검정고시는 4년제 사범대학과정에서 출제된다.

검정고시에 합격하면 그에 상응하는 학점도 인정되어야 한다.

그런데 교육정책은 그렇지 않았다.

어쩔 수 없이 방송통신대학, 야간대학, 사이버대학에서 학점을 따려고 노력하고 있다.

실제 생활이나 경영엔 별 도움이 되지 않는 장식용일 뿐이지만 세상 사람들이 모두 필요도 없는 학력 스펙 쌓기에 몰두하니 어쩔 수 없이 따라 해 보는 것일 뿐이다.

학력사회의 폐단이 도처에서 나타나지만, 정부정책이 이를 해결하지 못하고 있다.

모든 사람에게 대학과 대학원은 사치이고 낭비다.

꼭 필요한 사람만 진학하고 그렇지 않은 사람은 고졸 또는 전문대 졸업 후 사회생활을 해도 아무런 문제가 되지 않는 사회가 되어야 한다.

2013년 03월 28일

나 자신의 삶은 물론 다른 사람의 삶을 삶답게 만들기 위해
끊임없이 정성을 다하고 마음을 다하는 것처럼 아름다운 것은 없습니다.
– 톨스토이

18 네 탓 병

KBS, MBC, YTN 3대 방송국과 신한은행, 농협 일부의 컴퓨터 3,200대가 다운되는 사이버테러가 발생했다.

IT 강국을 자처하는 대한민국 심장부에 있는 주요기관의 컴퓨터가 일시에 멈춰버리는 대사건이 터진 후 각 언론의 반응이 가관이다.

묻지도 따져 보지도 않고 나온 반응이 '북한의 소행으로 의심!' 대서특필로 장식해버렸다.

그렇게 큰 사건을 저지를 개인이나 기관은 북한밖에 없다는 것, 온 국민이 더 잘 안다.

그런데 왜 그것이 문제인가?

'네 탓 병' 때문이다.

네 탓 타령하기 전에 신속히 보완하여 방어능력을 갖추고 때로는 보복하여 재발을 막도록 해야 한다.

과거 우리는 몽골의 침략을 받아 전국이 초토화됐을 때 우리의 책임은 없고 몽골의 침략 때문이라고 그들 탓만 했다.

36년간 일본의 지배를 받으면서 우리의 탓은 없고 모두 일본침략과 일본인의 잔인성만 탓했다.

수백 년간 남의 탓만 하고 살아온 민족이다.

6·25 남침을 받은 지 50년이 지났다.

그 당시 우리의 허술함(관료부패, 부패군인, 경제력격차 등) 우리나라의 잘못을 분야별로 진단하여 다시는 전쟁이 일어나지 않도록 대비했어야 함에도 아직도 전시작전권을 미국에 내주고 미국에 기대어 살아가려 하고 있는 한심한 지도자들이 득세하고 있다.

과거의 싸움행태를 보면 주먹질에서 돌멩이로, 창과 칼에서 총으로, 대포에서 미사일로 계속 신무기를 개발하여 대처해 왔다.

앞으로의 전쟁은 사이버전쟁이 될 것이다.

그 징조가 이번 테러를 통해 나타났다.

북한은 3,000명이 넘는 사이버전사를 육성하여 일사불란하게 전쟁준비를 하고 있다.

우리는 500여 명으로 사이버전에 대비한 훈련을 하고 있는 심각한 현상이다.

이대로 간다면 군 통신망, 비행정보, 방송통신망, 은행 전산망 등이 마비되는 치명적 현상이 언제 벌어질지 모르는 상황이다.

전쟁 상황이 될 수도 있는 중차대한 문제를 상대방의 도

덕성에만 의존해서는 안 된다.

사이버전에 대비한 전문인력을 대폭 확충하여 북한을 비롯한 경쟁국의 교란작전과 해킹 및 테러에 대비해야 한다.

'사후약방문死後藥方文'도 좋고 '소 잃고 외양간 고치기'도 좋다.

어떤 문제점이 노출되면 즉시 문제점을 해결하는 시스템이 필요하지 누구의 탓을 내세워 국민감정만 상하게 하는 언론과 정부로는 국민이 안심하고 살 수 없다.

남 탓하기 전에 내 탓을 먼저 생각하는 자세가 필요하다.

천주교에서 말하는 "내 탓이요 내 탓이로소이다"는 우리 국민과 우리 위정자에게 딱 맞는 구호이다.

모든 분야에서 '네 탓 병'을 일소하고 내 주변부터 살펴보고 불합리를 시정하는 정신이 필요하다.

경쟁자, 경쟁사, 경쟁국를 이기는 길은 경쟁대상보다 월등히 앞선 기술력, 인력, 장비, 시스템이 필요할 뿐 '네 탓' 노래만 부르는 해묵은 발상으로는 항상 불안하고 앞으로도 계속 강대국에 기대어 살아가야 하는 신세가 될 것이다.

2013년 3월 22일

당신은 수많은 별들과 마찬가지로 거대한 우주의 당당한 구성원이다.
그 사실 하나만으로도 당신은 자신의 삶을 충실히 살아가야 할 권리와 의무가 있다.

— 맥스 에흐만

19 조각배 놀이

키리졸브 훈련을 트집 삼아 대대적으로 전쟁 공포 분위기를 조성하고 있는 북한의 광적인 행위를 온종일 보도하고 있는 언론(종편채널)과는 달리 차분하게 대응하고 있는 정부가 마음에 든다.

도전하는 집단을 싸우지 않고 이기는 길은 일일이 맞대응하는 것보다 선별적으로 대응하며 사태를 철저히 대비하는 일이다.

'서울 불바다'에 이어 '워싱턴 불바다'까지 외쳐대며 전 인민(국민)을 전쟁 분위기로 몰아넣어 독재와 빈곤에 대한 불만을 해소하려는 북한 지도부의 행동은 한편의 코미디(개콘)와 같다.

최고 지도자가 조각배를 타고 놀이하는 장면은 개콘 프로그램의 진수이다.

'독기어린 치맛바람'이란 격한 표현에도 아랑곳하지 않는 대한민국 정부가 대견스럽다.

북한은 핵을 만들었고 핵 단추를 누를 만반의 준비를 갖췄다고 호들갑이지만 핵을 보유한 나라(미국, 러시아, 중국, 파키스탄, 인도, 이스라엘 등) 중 실제로 핵을 사용한 나라는 2차 세계대전을 종식시키기 위해 사용한 미국밖에 없다.

핵을 함부로 사용하면 자멸할 수 있다는 판단을 하고 있기 때문이다.

북한이 만일 핵을 사용한다면 북한정권이 소멸할 수 있음을 그들도 모를 리 없다.

그럼에도 핵 단추 노래를 하는 것은 그만큼 불안하다는 간접표현임을 정부와 남한 국민은 잘 알고 있다.

옛날 같으면 라면 사재기, 생필품 사재기, 주가폭락 등이 일어났겠지만 아무런 징후도 없다.

현명한 정부와 현명한 국민이 있기에 가능하다.

백령도 코앞에서 조각배에 올라타 인민을 선동하는 것은 그들의 정치 스타일일 뿐 남한의 국민과 정부는 조각배 놀이를 코미디로 보고 있음을 빨리 깨달아야 한다.

굶주리는 인민을 동원하여 전쟁놀음 중지하고 국민(인민) 생활안정, 경제개발에 빨리 눈 돌려야 한다.

안정과 평화를 바라는 대한민국 정부와 국민의 염원에 부응한다면 그들에게는 더 많은 지원이 따를 것이다.

박근혜 대통령의 한반도 신뢰 프로세스가 작동하도록 스스로 자제하고 국제사회를 향해서 한 걸음씩 나서길 바란다.

남과 북이 하나가 되어 세계로 나간다면 한반도는 세계가 주목하는 살기 좋은 금수강산이 되고 세계인들이 몰려드는 세계의 중심국가가 될 것이다.

이 기회를 놓치지 않도록 계속 설득하고 그들의 오판을 막는 데 최선을 다해야 할 것이다.

2013년 03월 14일

도대체 사람들이 무슨 일을 도모하고 있는가 주위를 돌아보아라. 사람들은 가장 소중하고 불요불급한 것만 빼놓고 쓸데없는 것들만 생각한다. 곧 춤, 음악, 노래, 집, 재산, 권력을 생각한다. 심지어 부자와 왕을 시샘한다. 하지만 그들은 그런 것들이 인간다운 삶에서 정말 필요한 것인가 전혀 생각하지 못한다.

– 파스칼

20 감투 값 못하면 벗어라

시민단체가 우후죽순처럼 늘어나고 있다.

그 결과 시민단체의 순기능보다 역기능이 점점 증가하고 있어 또 하나의 사회문제가 되고 있다.

새만금 사업, 천성산 관통 사업, 방폐장 신설, 제주 해군 기지 건설 등 대규모 국책사업이 지연되어 국가 발전과 국민생활 안정에도 막대한 피해를 끼치고 있는 것들을 시민단체가 주도하고 있다.

반공을 내걸며 조직된 한 시민단체가 국고를 유용하고 기부금을 빼돌려 비자금을 조성하여 사회적 물의를 일으키고 있다는 보도를 보았다.

이는 빙산의 일각일 뿐 이들의 비리가 일반화된 지 오래다.

시민단체뿐만 아니라 공직사회도 부정과 비리로 얼룩져 있다.

고급관리의 청문회를 보면서 그들도 비리 덩어리임을 국민들은 잘 알고 있다.

이중삼중의 검증을 거쳐 내놓은 인물들의 면면이 이 정도니 한국사회는 비리공화국이라 해도 괜찮을 것이다.

공직사회의 수장은 물론 시민사회단체와 사설집단의 수장이 되면 대부분 그 감투를 이용해 비리를 저지르는 나라가 우리 대한민국인 것 같다.

조선시대의 고관들의 대명사는 탐관오리였다.

높은 관직에 오르려면 고매한 인격을 갖춰야 하고 그 분야에서 특별히 내세울 만한 연구실적이나 경영실적이 있어야 함에도 우리나라의 지도층은 그렇지 못했다.

학연, 지연, 혈연으로 뭉쳐 그들끼리 감투를 나눠 먹는 것이 관행으로 굳어졌다.

사회에서 감투를 쓴 자들의 행태는 국민과 집단보다는 개인적 치부와 파벌의 이익 챙기기에 급급하고 감투를 계속 유지하기 위해 비자금 조성과 우호세력을 결집시키고 관리하는 데 집중하여 늘 지탄의 대상이 되고 있다.

감투 값을 하도록 해야 한다!

감투를 쓴 자들이 자기 돈 한 푼 안 들이고 국민의 혈세나 집단의 출연금을 물 쓰듯 하고 사리사욕 챙기기에 몰두하지 않도록 하려면 관장하는 부서나 집단을 위해 자기 부담을 하도록 해야 한다.

공직자의 경우 그 직급에 걸맞은 실적(치적)을 올리도록 하고 실적을 올리지 못할 시 즉시 그 직에서 물러나도록 하는 제도적 장치가 필요하다.

시민사회단체의 경우 단체장은 국가와 사회에 유익한 일을 하기보다는 단체를 운영하기 위한 운영자금 확보를 위해 로비에 나서고, 기부금품 모집에만 집중하고 임기 말이 되면 비자금 조성과 파벌을 조성하여 임기만료 후 재선임 될 준비에 몰두하게 된다.

사회단체의 장에게도 운영비 일부를 출연하도록 하는 제도가 필요하다.

사설단체(향우회, 동창회, 친목회, 산악회 등)의 장도 기부금과 회원회비에만 의존하지 말고 단체의 건전한 운영 및 활성화를 위해 일정금액 이상을 분담하는 관행을 만들어야 그 단체가 건전해지고 지역사회 발전에 기여할 수 있는 좋은 조직으로 발전할 수 있을 것이다.

단체장의 자기분담률 또는 역할을 강화하므로 얻을 수 있는 것이 또 하나 있다.

자기분담률이 많으면 많을수록 감투 쓰려는 날라리들이 줄어들고 회원들의 부담도 줄어드는 이점이 생기게 된다.

감투 쓴 자가 공짜를 좋아하면 따르는 자 모두 공짜 좋아하는 조직이 된다.

감투 값 못하면 모두 감투 벗어라!

2013년 03월 06일

21 나무자원

뉴질랜드 남섬에 밀포드사운드라는 거대한 국립공원이 있다.

공원 입구부터 빽빽이 들어선 나무들이 필자의 마음을 사로잡았다.

나무와 같이 35년을 살았으니 당연하지 않을까.

필자는 인조목을 오랫동안 생산했다.

우리나라엔 재목이나 조경목으로 쓸만 한 나무가 없다.

재목이나 조경목으로 쓰려면 나무 직경이 최소 30cm에서 100cm는 돼야 하기 때문이다.

30cm짜리 나무는 옹이가 많아 저급재 취급을 받는다.

100cm는 돼야 옹이 없는 부위가 많아 고급목재 대접을 받는다.

그래서 처음부터 인조목을 선호한 것이다.

산에 없고 수입하지 않아도 되는 나무, 굵기도 마음대로 조절할 수 있으니 큰 나무가 생산되지 않는 우리나라에 안

성맞춤이었다.

그러나 지속적으로 관리를 잘하지 않으면 흉한 모습이 되고 접착부위가 잘 이탈되어 흉물로 변해 나뒹군다.

서울시에서 맨 먼저 인조목 사용을 중지한 이유다.

결국 원목이 필요했다.

미국의 캘리포니아 지역은 아름드리나무가 많고 우리나라의 기후와 같은 지역이라서 변형이 없고 부식 속도도 늦어 우리나라에서 가장 많이 수입되던 나무다.

그러나 중국의 경제가 급속도로 성장하면서 대규모의 목재 수요가 발생하여 대부분 중국으로 수출선을 돌렸다.

우리나라처럼 각종 규제가 많아 까다로운 조건을 제시하면 수출을 거부한다.

이런저런 이유로 원목값이 폭등하여 흔해 빠지던 목재가 금값이 된 지도 오래다.

해외여행 때마다 필자의 눈엔 나무만 보인다.

일본이 부럽다.

대마도는 조선시대 특히 우리가 정벌하고도 오랫동안 쓸모없는 땅이라고 지역민 수장에게 관리를 위탁했다.

임진왜란 후 완전히 빼앗기고 말았던 대마도는 목재의 숲으로 변신하였다.

레두우드(스기)와 히노끼(편백나무)로 가득하여 간벌한 나무까지도 고급목재로 활용되고 있어 너무도 부러웠다.

독일은 비옥한 농지까지는 소나무와 가문비나무를 심어 가꾸고 있다.

미래의 자원으로 생각하고 키우고 있는 것이다.

밀포드사운드의 천연림엔 아름드리나무들이 죽어 쓰러져 썩고 있다.

썩은 나무 위엔 또 다른 어린나무가 자라 아름드리 재목으로 우뚝 우뚝 서 있었다.

동쪽 입구에서 서쪽 끝까지 가는 동안 필자의 머리는 혼란스러웠다.

너무나 부러운 나머지 약간 돌은 것이다.

다음날 북섬의 레드우드 숲을 보았다.

1902년부터 100만 평의 부지(평지)에 미국에서 들여와 심은 묘목이 100년간 자라 빈틈이 없었다.

목재값이 어림잡아 5조 원은 될 것 같았다.

그러나 막상 우리가 사자고 한다면 30조 원을 준대도 안 팔 것 같았다.

레드우드의 고향 미국은 이미 다 베어서 팔아치웠고 뉴질랜드에만 남아있기 때문이다.

앞으로 나무는 자원이며 무기가 될 것이다.

세계가 도시화 되고 환경오염이 심각해지기 때문이다.

우리나라는 어떤가!

일제치하에서 해방되면서 남벌하여 모두 땔감으로 사용했다.

벌거숭이가 된 산은 물을 머금을 수 없다.

장마철만 되면 산사태가 나서 농토와 농작물을 모두 휩쓸어 버렸다.

흉년이 지속할 수밖에 없다.

북한의 지금 실정은 우리나라의 60~70년대의 모습 그대로다.

정부의 식목 장려와 연탄, 석유, 전기 등의 순으로 난방시스템이 바뀌면서 산은 푸르러 졌다.

나무도 제법 컸다.

그러나 아직 재목으로 쓸만 한 나무는 없다.

앞으로 20~30년이 더 지나야 재목으로 쓸 수 있다.

그러나 늦지 않았다.

있는 나무 베어버리지 말고 모든 국민이 식목에 관심을 갖고 지속적으로 관리해야 자급자족할 수 있다.

2013년 02월 28일

그 성공이 무엇이든 간에 성공은 튼튼해야 하며,
그리고 서서히 와주는 것이 바람직하다.

- 김용삼

22 애국자, 애국시민 기준 만들 때

역사에 빛나는 영웅(애국지사)들은 주로 전쟁이 있을 때 나타났다.

을지문덕, 김유신, 이순신 등이 대표적인 전쟁 영웅이다.

영웅칭호는 붙일 수 없어도 외침이 있을 때 식민통치시대에 국가와 민족을 위해 저항세력을 조직하여 항거하고 목숨까지 바쳐가며 저항운동을 한 인사들을 애국지사 또는 애국자라 했다.

안중근, 이봉창, 이준, 김구 등 대부분의 인물들은 식민통치에 저항했던 사람들이다.

전쟁이 있거나 외침이 있을 때만 애국자, 영웅이 탄생한다면 평화가 지속되는 시기엔 애국자가 없을 수밖에 없다.

평화 시에도 애국자가 있어야 한다.

국민이 잘살도록 정치를 한 사람, 국민소득을 향상시키기 위해 품질 좋은 농산물, 축산물, 수산물 등을 개량한 사람, 첨단무기를 개발하여 전쟁을 막고 외화 획득에 기여한 사람, 첨단제품을 개발, 수출에 기여한 사람, 음악, 체육, 애니메이션, 영화 등 분야에서 해외 진출하여 국위를 선양한 사람 등 다양한 분야에서 국가와 민족의 명예를 드높이고 경제성장, 국력신장 등에 큰 공을 세운 사람들을 찾아 애국자 또는 애국시민 상을 주는 제도가 필요하다.

필자는 오래전부터 애국자의 기준을 바꿔야 한다고 주장하고 있다.

전시가 아닌 평화 시에도 많은 애국자와 애국시민이 나오도록 객관적 기준을 만들어 그에 부합되는 인물을 조사하여 애국자 반열에 올려 칭송하고 많은 사람이 동참하도록 하면 1등 국가, 살기 좋은 나라를 만드는데 더 많은 시민이 참여할 것으로 믿는다.

2007년 충청남도 청양에 사는 '명노환'을 소개한 바 있다.

그는 소멸하는 참게를 15년간 연구 끝에 대량 부화에 성공한 인물이다.

부화한 어린 참게를 전국의 주요 하천에 방류하여 참게 증식과 국민소득에 기여하고 러시아, 중국 등에 수출하기 시작했다.

이런 인물들은 우리 주변에서 얼마든지 찾을 수 있다.

체계적으로, 제도적으로 찾아 홍보하고 관리하는 시스템이 없을 뿐이다.

뉴질랜드 여행 중 현세의 애국자를 만날 수 있었다.

무일푼으로 이민하여 양털 이불공장 직공으로 취직한 지 16년 만에 그 공장을 인수하여 큰돈 벌고 뉴질랜드에 이민 오거나 취업하려는 사람들을 지원하고 있는 '노광국'은 매일 찾아오는 관광객들에게 "제발 영어 좀 쓰지 마세요! 한국말로 당당하게 말하세요. 그래야 이 나라에서 사업하는 사람들이 한국 말하는 종업원의 필요성을 느끼고 더 많은 한국 사람을 채용한다."라는 말이었습니다.

이런 운동의 효과인지는 확인되지 않았지만 오크랜드 지역의 호텔에서는 와이티엔, 에스비에스 등 한국 방송을 상시 시청할 수 있을 정도로 한국의 위상이 높아졌다.

이런 사람들이 전 세계에서 많이 나온다면 한국의 위상은 더욱 높아지고 인력진출과 수출도 증대될 것이다.

2013년 02월 25일

만약 여러분이 인생에 성공하기를 바라거든 견인불발을 벗삼고, 경험을 현명한 조언자로 하며, 주의력을 형으로 삼고, 희망을 수호신으로 하라.
— 에머슨

23 핵 개발 역발상

지난해 말부터 신문과 TV의 단골 메뉴로 등장했던 북한의 핵실험이 02월 12일 현실로 나타났다.

정부 당국과 언론의 호들갑이 가관이다.

핵실험을 준비하고 있다는 것 모르는 사람이 없을 정도로 북한이 하는 일을 모두 알고 있었는데 뭐가 그리 놀라운 사실이고 새로운 위협이라고 벙커를 드나들며 호들갑을 떨고 있단 말인가.

말로만 으름장을 놓고 있다는 것을 그들(북한)이 더 잘 알고 있다.

정 맘에 안 들고 꼭 막아야 했으면 한 방에 파괴할 수 있는 특수무기라도 준비 했어야 했다.

새누리당의 일부 중진 의원과 일부 신문이 우리도 핵 개발 해야 한다고 목청을 높이고 있지만 웃기는 이야기다.

핵 도미노 현상을 막으려는 미국이 버티고 있는데 가능한가!

우리가 핵 개발 선언하면 일본이 '얼씨구 좋다.' 나설 것이고 대만도 '기회는 지금이다'하고 맞장구칠 텐데 미국이 가만있겠는가.

그리고 막상 개발에 착수한다 해도 일본은 90일 이내에 개발할 수 있는 만반의 준비를 하고 있는데 우리나라는 변변한 준비도 없어 10년, 20년이 걸려야 무기화할 수 있는데 그때까지 안보는 어떻게 하겠단 말인가.

어차피 미국과 같이 쓰고 가기로 했으니 일정 기간은 미국의 핵우산 속에서 버텨야 한다.

그리고 그때까지는 독자 개발할 수 있는 체제를 갖춰야 한다.

연관된 기술개발을 지속해서 일본처럼 하루아침에 뚝딱 완성할 준비부터 해야 한다.

다른 나라 따라가는 재미로 살다 보면 죽을 때까지 따라만 다녀야 한다.

핵무기가 아닌 우리만의 독자적 무기를 개발해야 한다.

실전 배치하기 시작한 순항미사일에 장착하여 현재보다 10배 위력 지닌 특수폭탄을 개발하는 것이 현실적이다.

지금까지 핵을 보유한 나라 중에서 실전에 사용해 본 나라는 미국밖에 없다.

앞으로도 수십 년은 핵을 사용하는 나라가 없을 것이다.

미국과 러시아가 건재하는 한 말이다.

러시아와 미국은 1차 핵 감축을 했다.

그리고 2차 감축 협상을 진행하고 있다.

지금 각각 보유하고 있는 1,700여 개나 되는 핵무기를 절반씩 감축해도 세계를 지배하는 데 문제가 없다는 결론 하에서 진행 중이다.

세계 초강대국도 핵 보유 경비가 너무 많이 들어 감축하 겠다는데 약소국인 북한이 어떻게 견디겠는가?

스스로 쓰러질 수밖에 없는 운명의 장난을 하고 있는 북 한을 불쌍히 여겨야 한다.

북한은 무너지는 일을 자초하고 있을 뿐 절대 핵을 사용 할 수 없다.

미국이 망하지 않는 한 말이다.

그러니 차라리 역발상으로 핵이 아닌 특수폭탄을 장착한 순항미사일을 신속히 배치하여 북의 도발을 막는 것이 국민 을 안심시키고 경제를 지속적으로 발전시켜 세계 열강대열 에 우뚝 서는 현명한 방법이다.

신정부는 핵 때문에 남북대화 포기 말고 강온작전으로 남 북관계를 정상화해야 한다.

2013년 2월 13일

먼저 핀 꽃은 먼저 진다. 남보다 먼저 공을 세우려고 조급히 서둘 것이 아니다.
－채근담

24 행운의 70남들

지금을 살아가는 70대 남성들은 행운아다.

6 · 25 전쟁으로 수백만 명이 죽어가는 상황에서도 큰 피해 없이 어린 시절을 보낸 70대들, 1년에 1번꼴로 전쟁을 치른 5,000년 역사 속에 60여 년을 전쟁 없이 경제적 풍요(?)를 누린 70대 남성들이야말로 행운아이다.

전쟁터에서 전사한 군인만큼 여성이 많았고 부모의 유산은 남성에게만 배분되고 교육도 남성 위주로 이루어지던 시대의 여성들은 상대적으로 차별받으며 살아야 했다.

60년의 평화체제와 경제발전은 여성의 신천지가 된 것이다.

교육의 기회를 얻었고 재산배분도 균등하게 이루어졌다.

경제적으로 독립이 가능한 젊은 여성들은 결혼을 기피하고 싱글로 세상을 즐기는 시대가 되었다.

적령기를 맞은 젊은 남성들은 국내에서 배우자를 구할 수 없어 돈다발 들고 해외로 나가 말도 안 통하는 신부를 구해와야 하는 신세로 전락했다.

재수 좋게 장가를 간 젊은이들에게도 고민은 가중되고 있다.

여성 파워에 기죽어 살아야 하는 것은 기본, 밥 짓기, 설거지도 기본, 시장바구니 들고 졸졸 따라다녀야 하는 신세로 전락했다.

지금 70대의 남성들 대부분은 배우자도 선택하여 맞을 수 있었다.

봉급 봉투 내밀면서 큰소리도 쳐봤다.

그러나 지금의 젊은 남성들은 그런 낭만이 없으니 불쌍하기만 하다.

부인에게 잘못 보이면 소박맞고 혼자 살아가야 하기 때문에 저자세로 임해야 한다.

그런 상황이니 직장은 건성이고 가정에 에너지를 집중해야 한다.

70대 노인들의 젊은 시대는 직장생활에 60% 이상의 에너지를 발산하고 40%만 가정에 할애해도 대우를 받았지만, 오늘의 젊은이들은 직장에 40%, 가정에 60%를 배분해야 구박받지 않고 살 수가 있다.

결과적으로 직장에 꼭 필요한 전문지식이나 기능을 확보할 수 없다.

중소기업에선 전문인력이 없어 기계를 세워 놀 판이다.

있으나마나 한 얼치기 기술자, 별 볼일 없는 기능공이 태

반이기 때문이다.

차라리 외국 인력이 낫다는 말이 나온다.

사람은 넘치고 무직자 홍수 속에 구인난을 겪는 기업이 수두룩한 시대, 왜? 이렇게 잘못돼 가는지 분통이 터지는 기업인들, 그들에게 빛 드는 날이 과연 올 것인가!

옛날로 돌아갈 수는 없지만, 중소기업이 잘 돌아가고 안정적인 가정생활도 할 수 있는 구조적 변화가 있어야 할 텐데……

작년 우리 회사를 퇴사한 L군의 이야기로 마무리할까 한다.

L군은 결혼 상대를 구하기 위해 회사, 은행, 보험사, 사채업자 등에서 조금씩 대출받아 전세로 아파트도 마련하고 자가용도 샀다.

가전제품들도 모두 빚으로 구입한 것이다.

여자의 환심을 사기 위해선 어쩔 수 없었을 것이다.

첫 번째 애인과 약혼을 했으나 불임 사실이 밝혀져 파혼해야 하는 아픔을 겪었다.

두 번째 애인을 만났으나 결혼 날짜까지 받아놓고 보니 다른 남자의 애를 갖고 있어 울면서 헤어져야 하는 아픔을 겪었다.

빚과 이자는 늘어나고 사채업자의 협박에 도피생활을 하는 신세가 되었다.

무리한 배우자 찾기 작전은 L군만의 문제인가! 오늘을 사는 젊은 남성들, 그들은 시대를 잘못 만났는가! 가위 바위 보 잘못해서 고추를 달고 나왔기 때문인가!

2013년 02월 07일

사람들은 어느 한 사람이 성공하였을 때는 온통 달라붙어 잡아당기며 그 사람을 실패시키려고 기를 쓰다가 결국 그가 추락했을 때는 또 다시 도와주려 하는 이상한 습성이 있다.

– 에드가 왓슨 하우

25 라면 힘으로 솟아오른 나로호

2013년 01월 30일 드디어 꿈에 그리던 나로호가 온 국민의 환호 속에 힘차게 솟아올랐다.

2002년 착수하여 2번의 실패와 10번의 연기 끝에 쏘아올린 나로호, 쏟아지는 비난에도 좌절하지 않고 200명의 기술자는 연구와 실험을 반복하였다.

그들은 잠자리도 변변치 않고 주말엔 밥 먹을 곳이 없어 라면을 끓여 먹으면서 일해야 했다.

대전 본사와 나로우주센터를 오가며 힘든 작업을 계속하면서도 실패의 연속으로 큰소리 한번 쳐보지 못했다.

2002년에 시작한 개발사업은 선발국(러시아, 미국, 프랑스, 일본, 중국 등)들의 기술 보호주의 때문에 벽에 부딪혀 진전이 없다가 러시아에서 1단 로켓을 제공하겠다는 제의가 있은 후 본격적으로 진행되어 20만 개의 부품 대부분은 우리 기술로 개발했다.

엔진 부품만 226개인데 그중 206개는 이미 개발이 완료

됐고 나머지 20여 부품만 국산화하면 100% 국산 로켓으로 우리의 위성을 쏘아 올려 기존 우주 강국을 제치고 나갈 수 있을 것이다.

그럼에도 일부 언론에서는 이번 발사 성공이 러시아의 성공일 뿐이라는 비판보도를 하고 있다.

러시아는 45,000명의 기술진이 우주산업에 투입되어 있지만 우리는 불과 200명의 기술진만이 참여하고 있다.

이번 성공을 계기로 정부도 생각이 많이 달라졌을 것이다.

기술인력 확충은 물론 예산도 획기적으로 증액하여 기술개발에 가속도가 붙도록 지원해준다면 북한이 독자 개발한 로켓보다 성능이 뛰어난 로켓기술과 인공위성 기술을 확보하게 되고 다른 나라에 고액을 주면서 쏘아 올리는 수모에서 벗어나 다른 나라 위성까지도 우리가 발사해주고 외화 획득에도 크게 기여하는 효자산업이 될 것이다.

열악한 환경 속에서 10여 년 개발에 몰두한 기술자 여러분께 '박수, 박수' 연속 보내고 싶다.

2013년 02월 01일

사람의 일생은 돈과 시간을 쓰는 방법에 의하여 결정된다.
이 두가지 사용법을 잘못하여서는 결코 성공할 수 없다.
– 다케우치 히토시

26 되살려야 할 유비무환 정신

'사후약방문'이란 말이 있다.

'죽은 뒤에 처방한다.'는 뜻으로 때가 지난 뒤에 어리석게 애를 쓰는 경우를 비유적으로 이르는 말이다.

가족이 죽은 뒤에 후회한들, 통곡한들 무슨 소용이 있는가.

죽기 전에 아니 죽을병을 얻기 전에 건강관리 철저히 해서 발병하지 않도록 하는 일이 중요하다.

사후약방문과 유사한 용어들이 많다.

많이 인용하는 대표적 문구가 '소 잃고 외양간 고치기'이다.

이 말은 설명할 필요도 없을 정도로 모든 사람이 인용하는 말이지만 그 뜻을 들여다본다면 우리를 견고하게 하여 도둑이 끌어가지 못하게 사전 조치한다든가, 소가 탈출할 수 없게 단속을 철저히 한다는 내용이지만 곧이곧대로 해석할 필요는 없다.

평소에 관리를 잘해서 큰 피해를 보지 않도록 사전대비를 하라는 뜻이다.

박정희 대통령의 트레이드마크는 유비무환이다.

북한 공산집단이 언제 또다시 남침할지 모르니 군사훈련은 물론 전투 장비를 현대화하여 국방을 튼튼히 하자는 대국민 실천강령이다.

철통 같은 방위태세 구축하고 경공업은 물론 조선, 자동차, 석유화학 등 중공업을 일으켜 세계 최빈국에서 벗어나 선진대열에 오르게 한 박정희 대통령의 유비무환 정신과 아무도 생각하지 못한 경제선진국 지도를 작성한 최고급 역발상을 발휘하여 10년, 20년을 내다보고 하나하나 실천에 옮긴 박정희 대통령이야말로 이 나라의 영웅이며 국부로 모셔야 할 인물이다.

필자는 역발상을 3단계로 나누어 단계별로 실행하자는 주장을 17년 전부터 전파하고 있다.

초급은 반대로 해보는 단순한 역발상이고 중급은 다른 사람보다 먼저 찾아 실천해보는 역발상이고 고급은 아직 나타나지 않은 현상을 미리 예측하여 대비하는 역발상이다.

대중이 아직 초급 역발상도 실천하지 못하고 있을 때 그는 고급 역발상을 실천하기 위해 노력했던 분이다.

지금은 나라 안팎에서 경제위기를 겪고 있다.

과거 방만한 경영, 방만한 투자, 사치풍조(고급 아파트 구입, 고급 차 구입, 고급 의류 구입, 고급 식당 드나들기 등 분에 넘치는 그것도 대출이나 카드남용으로)의 만연으로 풍

선처럼 부풀어나 하나씩 터지기 시작한 것이다.

개인은 물론 직장마다 나서서 방만하게 운영하던 시스템을 절약형으로 바꿔야 할 때다.

복지논리에 휩싸여 공짜만 바라지 말고 자기 본분에 맞도록 생활방식을 가다듬어 또다시 올지 모르는 IMF 같은 위기를 막는 데 주력해야 할 것이다.

2013년 01월 24일

성공은 박정한 미인을 닮았다. 그녀를 손에 넣기까지 몇 년의 세월이 지나가서야 겨우 그녀가 몸을 맡길 단계가 됐을 때는 둘 다 나이들고 늙어서 서로 아무 쓸모가 없다.

— 베르네

27 회초리

18대 대통령 선거는 어느 선거보다 치열했고 마지막까지 우열을 가릴 수 없는 팽팽한 접전이었다.

결과는 3.6% 차이로 패배했다.

대선에서 패배한 야당이 패배에 대한 반성과 재집권 의지를 국민들께 보여주기 위한 첫 번째 전국투어를 회초리 투어로 시작했다.

참 좋은 아이디어다.

전국을 돌면서 회초리를 맞으며 뼈를 깎는 혁신을 하겠다는 각오는 높이 평가할 만하다.

그러나 그들이 정말 회초리를 맞아본 경험이 있는지는 의문이다.

회초리는 맞아봐서 아는데 눈물이 찔끔찔끔 나온다.

필자는 초등학교 2학년 때 일제고사에서 33문항 중 1문항을 틀려 담임선생님께 회초리 100대를 맞기로 했다.

한 대 두 대 맞으면서 큰소리로 복창하는 벌이다.

30대까지 세었을 때 선생님께서 먼저 통곡하셨다.

나도 물론 같이 엉엉 울었다.

100대의 회초리는 결국 30대에서 끝났지만, 필자에게는 일생 동안 잊지 못할 추억이 되었다.

지금도 그 선생님께 매년 스승의 날엔 란을 보내어 감사를 표하고 연말엔 모시고 식사를 하면서 이야기꽃을 피우곤 한다.

그때 회초리 맛은 매웠지만 지금 그 회초리는 달콤한 사랑의 매였고 필자를 강하고 끈질기게 만들어 오늘이 있다고 생각하며 늘 감사하고 있다.

필자가 교사가 되었을 때 스승님의 회초리 정신을 이어받아 아이들에게 모진 회초리질을 하였다.

그 제자들도 회초리 맛을 기억하며 모두 성공인생을 살고 있다.

연륜이 쌓이면서 회초리 대신 철저한 확인(현재 운영하는 회사의 경영방침 95% 확인정신)과 공정한 결과처리로 신뢰를 확보하여 매 한 대 때리지 않고 매년 1,050명을 개별지도까지 하여 상사로부터 인정받고 학생들에게 존경받는 교사로 교직생활을 마감한 추억이 있다.

매 없는 교육을 강조하는 요즘 교육방침과는 사뭇 다른 시대의 교육방법이었지만 필자에겐 회초리가 약이 되고 힘이 되었던 기억이 있어 적어 보았다.

2013년 01월 18일

28 소금전쟁

알코올 중독, 니코틴 중독에 대한 관심이 점점 높아지고 있다.

그것은 사람들 스스로 중독증에 대한 유해성을 알고 지키는 것은 아니다.

전적으로 방송의 힘이다.

KBS의 생로병사 프로그램을 시청하는 가족들이 나서면서 담배 끊는 사람, 술 줄이는 사람이 눈에 띄게 많이 나타나기 시작했다고 생각된다.

우리나라는 노령인구의 급증으로 각종 사회적 문제가 노출되고 있다.

모두 오래 건강하게 살고 싶은 욕구가 높아진 것이다.

특히 주부들의 먹거리에 대한 관심이 어느 때보다 높아지고 있다.

가족의 건강은 그 가정의 주부가 얼마나 관심 갖고 잘 지키느냐에 따라 크게 달라진다.

다행스럽게도 주부들이 앞장서고 있어 우리나라는 희망적이다.

아직 관심권 밖에 있는 것이 식단 문제다.

음식의 맛은 조미료와 소금에 의해 결정된다.

우리나라는 OECD의 하루 소금 권장량 5g보다 2.5~3배 더 섭취하고 있다.

맛있는 음식을 먹기 위해 수백 km라도 달려가는 식도락가도 많이 있을 정도로 음식 맛은 삶의 가장 중요한 부분이다.

대부분의 음식점에서는 화학조미료와 소금을 과다하게 사용하여 손님을 끌려고 한다.

모 케이블방송에서 '착한 식당' 찾기 캠페인을 벌이고 있다.

그 프로그램을 시청한 사람들은 외식을 꺼릴 것이다.

'착한 식당'을 찾기 위해 전국을 뒤지고 다녀도 어느 음식은 한 곳도 없는 경우도 있었다.

천연조미료, 수프 등을 만드는데 많은 시간과 비용이 따른다.

외식업체에서는 인공 화학조미료와 소금을 쓰면 돈 적게 들이고 음식 맛을 낼 수 있기 때문에 간편하고 적은 비용으로 돈 벌려 하는데 소비자들이 그런 것도 모르고 맛있다고 먹기 때문이다.

우리보다 경제 수준이 낮은 중앙아시아 근로자들을 고용한 일이 있다.

내국인과 달리 그들 식탁엔 특별히 소금 접시를 놓도록 하였다.

그들에겐 아직 건강이나 장수 문제를 따질 수준이 안되었기 때문이다.

한국음식(지금 우리는 한국음식도 짜서 문제가 있음)이 너무 싱거워서 입맛에 안 맞아 특별히 그들만 배려(건강과 관계없이)한 것이다.

음식 맛을 느끼는 것도 습관이다.

처음부터 짜지 않게 먹도록 어른들 특히 주부가 앞장서야 한다.

일정 기간 습관이 되면 아이들이 알아서 자기 입맛 관리를 할 수 있다.

화학조미료 대신 천연조미료를 쓰도록 하고 소금을 최소한으로 줄이면서 건강한 식단을 만들도록 주부들이 앞장서야 한다.

가정마다 소금과의 전쟁을 벌여야 할 정도로 우리나라의 생활수준이 향상되었다는 것도 우리나라의 자랑이라 생각한다.

2013년 01월 11일

29 설중신년雪中新年

뱀은 깊은 땅속에서 웅크리고 모진 추위를 견뎌내고 있다.

5월이나 돼야 지상으로 올라와 활동을 시작할 텐데……. 사람들은 벌써 뱀의 해가 떠오른다고 동해로 동해로 향하고 있다.

필자는 예년과 달리 산속으로 향했다.

짐승들도 혹한을 견뎌내기 위해 움츠리고 있는 한적한 산속에 무언가 있지 않을까 하는 작은 희망을 향해 속리산으로 월악산으로 내륙의 산세 따라 함박눈 뒤집어쓰며 눈 덮인 산속으로 들어가 강추위와 싸우며 새해를 맞고 싶었다.

희망의 씨앗이 눈 속에 파묻혀 어딜 가도 희망이 절벽인데 차라리 바위틈에서 새어나오는 한 줄기 빛이 희망이 될 듯싶기도 했다.

꼬불꼬불, 오르락내리락 눈 덮인 길을 운전하는 것은 모험이었다.

안정을 외치던 보수전영의 소리도 변화를 외치던 진보진

영의 외침도 눈 속에 파묻혀 적막만 감도는 깊은 산 속에서 한동안 방향감각을 잃기도 했다.

금년 상반기에 경기가 최악의 터널을 통과할 듯싶지만, 예측일 뿐 어느 것 하나 확신을 줄 수 있는 단서는 없다.

마음 비우고 자기 갈 길을 뚜벅뚜벅 걸어가며 자기 할 일을 찾아 차근차근 실천하다 보면 한 가닥 희망의 빛이 보이지 않을까 생각한다.

2013년은 들뜨지 말고 차분히 자기 할 일만 열심히 하는 해가 되길 바란다.

연초 김정은의 신년사에 남북화해의 손짓이 있었고 새로운 대통령의 국정운영 틀이 잡히는 4, 5월쯤이면 온 국민이 또 한 번 활기차게 움직일 수 있지 않을까?

성급하게 희망을 잡으려 하지 말고 조용히 내공을 기르며 푸르른 5월을 기다리는 연초가 되길 바란다.

2013년 01월 03일

성공을 하려면 남을 떠밀지 말고, 또 제 힘을 측량해서 무리하지 말고 제 뜻한 일에 한눈팔지 말고 묵묵히 나가야 한다. 평범한 방법이지만 이것이 성공을 가져다주는 것이다.
― 프랭클린

30 새 대통령에게 바란다

치열한 접전 끝에 당선된 새 대통령께 바라는 것이 있다.

5년 단임제 대통령으로 국가와 국민에게 할 수 있는 일은 제한되어 있다.

선거공약 모두 지켜야 한다는 중압감에서 벗어나길 제일 먼저 바란다.

첫째, 공약은 지켜야 하지만 세계적 공황상태를 감안하여 우선은 경제 살리기와 일자리 창출에 중점을 두어야 하기 때문이다.

경제도 살리면서 공약도 실천하는 묘책을 찾길 바란다.

둘째, 전 정권 최악의 정책은 대북정책이었다.

주고받는 정책 자체가 잘못된 건 아니지만, 상대방의 수준을 무시하고 일방적으로 밀어붙인 것이 잘못의 단초였다.

물꼬부터 먼저 트고 세부적인 것은 사안에 따라 처리하는 지혜를 발휘했으면 좋겠다.

금강산 관광부터 시작하여 개성, 백두산 관광, 남북 동시 관광 등 누이 좋고 매부 좋은 정책부터 시작하여 이산가족 상봉, 개성공단 활성화, 새로운 공단 추가 등 산적한 현안을 협의 후 점차적으로 확대하여 북한이 중국에 급속하게 예속되지 않도록 하는 큰 틀의 대북정책으로 전환하여 상호 신뢰를 구축하고 평화통일로 가는 기초를 다져주길 바란다.

셋째, 사교육 열풍만 일으키고 대량 실업사태를 일으킨 주범인 대학입시제도를 보완하고 고졸취업을 더욱 확대하여 수도권 주변에 우후죽순처럼 생겨난 부실대학들이 스스로 문을 닫도록 하여 교육 정상화를 이루고 교원의 사기를 진작시키며 고등교육을 정상화시키는 교육제도를 정착시키는 노력이 필요하다.

넷째, 엉성한 국가 시스템을 촘촘히 다듬어 우리나라 최초의 국가 시스템을 완성한 시스템 대통령이 되기를 희망한다.

다섯째, 간신배와 부패 무리의 접근을 차단하여 국민과 소통하며 국민과 민족을 위해 일하는 대통령이 되길 바란다.

여섯째, 취로사업 대대적으로 전개 제2 새마을운동으로 발전시키면 얼어붙은 경기도 살아나고 서민들 생계도 안정되고 취업률도 높아져 서민들에게 희망 주는 사업이 될 것이다.

앞으로 각계각층에서 다양한 주문이 쏟아지고 국민들의 욕구불만이 폭발할 것이 분명하다.

일거에 모두 해결할 수 없음을 공개적으로 밝히고 실천

가능하고 급한 것부터 순차적으로 이행하겠다는 공약실천 구체안을 공표하고 실천하는 모범 대통령, 공약사업에 휘둘리다 임기 마치는 욕 먹고 퇴임하는 실패한 대통령 되지 말고 국민에게 안정과 미래의 희망을 줄 수 있는 대통령, 역사상 가장 위대한 대통령이 되기를 간절히 바란다.

2012년 12월 24일

성공의 비결은 목적의 불변에 있다. 하나의 목표를 가지고 꾸준히 나아간다면 성공한다.
그러나 사람들이 성공하지 못하는 것은 처음부터 끝까지 한길로 나가지 않았기 때문이다.
최선을 다해서 나아간다면 뚫고 만물을 굴복시킬 수 있다.
— 벤자민 디즈레일리

31 여성 대통령 시대

초급 역발상은 거꾸로, 반대로 생각하고 행동하는 것이다.

중급 역발상은 다른 사람보다 먼저 생각하고 먼저 행동하는 것이고 고급 역발상은 다른 사람들이 생각하지 못하는 것을 생각하고 실천에 옮겨 늘 앞서 가는 발상의 전환이라고 필자 나름대로 정리하고 있다.

3년 전(2009년 09월 30일) 여성 대통령 시대를 예측하고 여성이 대통령이 되어야 공직사회에 깊이 뿌리내린 부정부패, 부조리를 뿌리째 뽑아낼 수 있다고 생각했다.

회사를 경영하면서 느낀 여성은 남성보다 성실하고 꼼꼼하고 책임감이 강하다는 것을 늘 느끼고 있었다.

공직사회에도 여성 50%, 고위직 공무원도 여성 50%로 여성 비중을 높여야 선진국 진입이 완성되고 예측 가능한 시스템 국가가 될 수 있다는 필자의 주장이 현실화되길 고대하면서 2009. 09. 30일자 칼럼을 재 등재한다.

여성 대통령 시대 _2009년 09월 30일

　명절이나 집안행사가 있을 때마다 예외 없이 스트레스받는 사람이 많다고 한다.

　남성보다 여성이 더 많은 것은 왜일까?

　남성중심 사회 특히 조선시대에는 여성들의 스트레스 정도는 문제도 되지 않았다.

　오랫동안 남성들의 뒷바라지나 하고 가정살림이나 하는 정도의 역할이 고작이었기 때문일 것이다.

　최근엔 여성의 사회 진출이 두드러지고 가정 경제권까지 틀어쥐고 있다.

　그런데도 명절이나 문중의 행사 때가 되면 과거 습관대로 여성들이 부엌일을 도맡아 해야 한다.

　머지않아 부엌일까지도 남성들의 몫이 될 것 같다.

　여성들의 스트레스가 고스란히 남성들에게 전이 될지도 모른다.

　교육계는 남성보다 월등히 높은 여성 점유율 때문에 남성을 우대해서라도 성비균형을 갖춰야 한다는 소리가 나올 정도로 여성의 과다한 점유율이 문제가 되기도 한다.

법조계, 행정부서 등에도 여성의 진출은 눈부실 정도로 높아만 가고 있다.

회사 최고 경영자(여성CEO)가 크게 증가하고 있다.

남성중심 사회에서 여성중심 사회로 변하고 있음을 실감할 수 있다.

여성의 역할이 증대함에 따라 사회 전반이 여성중심으로 변화하고 있다.

남성들에게는 기분 좋은 현상이 아니지만, 사회의 변화를 여성이 주도할 때 우리나라는 지금보다 아주 투명해지고 지역감정 같은 고질병도 크게 완화될 것이다.

공직사회의 부조리도 발붙일 틈이 없어질 것이다.

고위직은 아직도 남성이 대부분을 차지하고 있어 투명사회, 선진사회의 걸림돌이 되고 있다.

여성의 고위직 진출이 더욱더 증가되어야 한다.

대통령도 여성이 나와야 할 때가 된 가장 큰 이유이다.

선진국 문턱에서 꼼짝 못 하게 하는 부정부패, 지역감정을 해소할 적임자를 여성에서 찾아보는 것은 현재로서는 대단한 역발상이지만 머지않아 그것이 정발상이 될 것이다.

2012년 12월 20일

32 조급증

도로마다 신호등이 다닥다닥 붙어 있다.

출발하자마자 정지신호로 30초 대기하는 악순환이 연속되는 도로 정체의 주범이 신호등이다.

원활한 소통과 보행자의 안전을 위해 설치한 신호등의 역기능 때문에 운전자들에게 생긴 병이 있다.

'조급증'이다.

우리나라 운전자들이 차에 오르는 순간 너나 할 것 없이 급가속과 급정차를 반복하는 난폭운전도 정체가 지속하는 환경 속에서 빨리 벗어나려는 심리상태 때문에 나타나는 현상이다.

사람마다 성격이 다르지만 공통점이 있다면 빨리 받고 싶고, 빨리 먹고 싶고, 빨리 끝내고 싶고, 결과를 빨리 보고 싶어 하는 조급증이 우리 민족의 문화가 되었다고 할 수 있다.

경제의 급성장, 의학의 발달과 병원시설의 현대화로 고령자가 급증하여 또 하나의 사회문제가 되고 있다.

고령자들은 "이제 곧 죽을 텐데……." 하면서 평생 찍어 보관하던 사진들을 모두 불태우고 관광지에서도 사진 찍기를 자제한다든지 책장에 있는 책들을 모두 재활용(고물처리) 업체에 보내고 입던 옷가지도 모두 모아 아프리카 돕기 의류수거함에 가득가득 채워둔다.

필자 주변엔 이런 노인이 살고 있다.

85세 되는 해에 "이제 다 살았다."며 재산을 자녀에게 분배하기로 했다.

아들 3형제와 딸 모두 4남매 앉혀놓고 있는 재산 모두 분배하고 조상 대대로 살던 오래된 집 한 채 남겨 놨다.

그런 그 할아버지가 금년 97세다.

재산분배 후 11년이 지난 작년 도시에 살던 큰아들이 재산 다 탕진하고 짐 싸가지고 아버지 집으로 들어온 것이다.

다른 자녀들도 모두 같이 살고 싶어 하지 않아 할 수 없이 월세방으로 옮겨 살고 있지만 아직도 정정하니 앞으로 살 길이 막막하다.

평생 모은 재산 조급하게 분배하고 월세방에서 하루하루 살아가는 할아버지는 순간의 조급증 때문에 말년을 힘들게 살아가고 있다.

내일 죽음이 올지라도 밭에 사과나무 심는 여유로움이 필요하다.

2012년 12월 14일

33 억울증

세상의 모든 사람에게 공통적으로 느끼는 병이 있다.

'억울증'이다.

가난한 사람, 잘 사는 사람, 지위가 낮은 사람, 지위가 높은 사람, 가해자도, 피해자도 모두 억울하다고 하는 억울증은 병원에 가도 고칠 수 없는 병이지만 마음 한번 바꿔먹으면 깨끗이 살아지는 병이기도 하다.

누구에게나 수시로 발생하고 수시로 소멸되기를 반복하는 최근의 억울증 사례를 살펴보자.

갑자기 폭설이 내려 전국에서 교통대란이 발생하였다.

조심조심 안전운행을 했지만 다른 차가 미끄러지면서 내차가 망가졌다면 얼마나 억울할까?

어제 전국에서 당한 수많은 억울한 사람들에게 위로를 보낸다.

그제는 대선주자들의 TV토론이 있었다.

한 여당후보와 두 야당 후보가 합동으로 토론했는데 야당의 유력후보가 가장 피해를 본 것 같다.

차라리 1:1 토론이었으면 괜찮았을 텐데……

한 야당 후보의 무례하고 일방적인 공격 때문에 상대적으로 손해를 본 것이다.

도움이 되기를 기대했지만 도리어 손해를 끼쳤으니 참 억울하게 되었다.

최근에 각종 간첩단 사건으로 옥살이를 했거나 사형당한 사람들에 대한 재심판결에서 무죄판결이 나오고 있다.

이미 죽은 사람은 죽었으니 모르겠지만 옥고를 겪은 사람들과 그 가족은 얼마나 억울할까?

그들은 평생 동안 억울증 때문에 고통받고 있을 것이다.

요즘 증권 갖고 있는 사람들 모두 억울증 걸렸다.

전문가들이 "좋다 좋다, 사라 사라."해서 사놓았는데 자고 나면 떨어지고 또 떨어지면서 오를 기미를 보이지 않는다.

자칭, 타칭 전문가들은 꼬리 내리고 숨어버렸다.

팔지도 못하고 더 사서 물 타기를 하려 해도 자금이 바닥 났으니 사지도 못하며 억울증에 걸려 하루하루 지내고 있다.

모든 사람에게 찾아오는 억울증을 최소한으로 줄이는 방법을 찾는 수밖에 뾰족한 수가 없다.

욕심은 줄이고, 주변은 살피고, 불의는 멀리하며 살아가는 수밖에 없을 것이다.

2012년 12월 06일

34 특별한 망년회

해마다 12월이 되면 각종 모임에서 예외 없이 망년회를 한다.

모임마다 와자지껄 술판 벌이고 자칭 가수들이 앞 다투어 한 곡조씩 뽑아대는 현상이 일상화된 망년회 풍경이다.

필자는 이와 같은 먹고 떠들고 개판 치는 망년회를 피하려고 노력한다.

모임 통보받은 80%는 불참이고 20%는 참석이다.

그 20%도 절반 이상이 보통 망년회지만 모임의 책임을 맡았거나 고문직이어서 빠질 수가 없다.

오늘 모이는 망년회는 특별한 망년회라서 소개하려 한다.

매년 연말이 되면 초등학교 은사님 중 생존해 계신 분을 모시고 철없던 어린 시절의 추억을 떠올리며 대화하는 망년회이다.

주로 매 맞은 이야기가 많다.

필자는 일제고사 33문항 중 1문항이 틀려 100대를 맞기로 했던 기억이 늘 떠오른다.

선생님께서 회초리를 들고 급우들 앞에서 때리면 횟수를 큰 소리로 복창해야 했다.

30대까지 복창을 했다.

그때 선생님도 엉엉 소리 내며 울었고 필자도 같이 울었다.

100대가 30대로 감해지면서 상황은 끝이 났다.

60여 년 전 일이지만 그 기억이 또렷하다.

추억이 있는 이런 망년회라면 좋겠다.

1년 동안 친구들이 겪었던 즐거운 일이며 슬펐던 일이며 보람된 일들을 말하고 서로서로 위로하고 서로 칭찬하고 격려하며 더 뜻있는 내년을 맞으라는 덕담을 주고받는 그런 망년회가 되었으면 좋겠다.

12월만 되면 거리마다 울려 퍼졌던 징글벨 소리도 없어진 지 오래다.

그렇다고 크리스마스가 오지 않는 것도 아니고 슬픈 크리스마스도 아니다.

크리스마스를 조용하고 경건하게 맞는 문화가 정착된 것이다.

망년회도 언젠가는 크리스마스처럼 정착될 것이다.

좋은 문화는 빨리 만들수록, 빨리 정착될수록 삶의 질이 높아지고 해외에도 자랑할 수 있는 아름다운 문화로 자리 잡을 것이다.

2012년 11월 30일

35 정치 선진화

대선 삼파전 1라운드가 끝나는 시점이다.

2라운드는 이 파전으로 좁혀지는 진통이 계속되고 있다.

후보마다 표를 얻기 위한 포퓰리즘Populism 공약을 남발하였고 언론과 유권자들의 비판이 거세게 일면서 후반에는 자제하는 징조가 나타나기 시작했다.

이번 선거를 통해서 가장 큰 변화는 스스로 정치개혁을 하겠다고 나선 것이다.

예를 들면 3인 모두 지방자치단체장, 지방의원의 정당공천을 배제 하겠다는 공약을 제시한 것이다.

이것 하나만 실현돼도 우리 정치는 크게 변할 것이다.

상호 비방도 옛날보다 많이 줄어들었고 아직은 말로만이지만 국민을 앞세운다는 것은 지도자로 군림하지 않고 국민의 심부름꾼이 되겠다는 의식의 변화가 아닐까?

내가 잘났고 우리 보스가 잘났다는 이야기가 많이 줄었으니 이 또한 큰 변화일 것이다.

선거가 있어 변하는 현상을 모든 국민이 느끼게 되었다면 이번 선거는 성공적이라 할 수 있을 것이다.

앞으로 지도자가 되겠다는 사람들의 의식이 많이 변할 것 같다는 느낌이 든다.

과거에 비해 선거비용도 덜 들고 대기업 등처 선거자금 확보하지 않고 펀드 조성이나 담보 대출 통해 선거자금 조달하는 모습도 크게 변한 현상이다.

산악회, 동호회, 시민모임, 정부산하단체 등을 통한 사전 매표행위도 거의 찾아보기 힘든 정도로 선거문화는 크게 변하고 있다.

이제 최종적으로 출마자의 의식변화만 남았다.

그들도 스스로 변하고 자기관리에 신경 쓰게 될 것이 틀림없어 보인다.

우리 선거문화도 선진화 단계에 진입하였으니 경제 선진국에 이어 정치 선진화 및 시민의식의 선진화가 이루어진다면 명실상부한 자타가 공인하는 선진국이 되는 것이다.

〈추신〉

이 칼럼 쓴 후 5시간 만에 한 후보가 일방적으로 사퇴 선언, 선진국형 양자대결구도 형성되다!

2012년 11월 23일

36 한밤중 공동묘지 체험기

필자는 1998년 『우리 집 안전박사』란 책을 쓰기 위해 한밤중에 공동묘지 몇 곳을 돌아본 일이 있다.

공동묘지 한가운데 차를 세우고 10~15분 많은 생각을 해봤다.

'이곳에 묻힌 수만 명의 영혼들이 어떤 생각을 하고 있을까?', '이곳에 오기까지 어떤 고난이 있었을까?', '이곳에 오기 직전 어떤 실수를 하였기에 이곳에 묻히게 되었을까?' 등을 생각하면서 칠흑 같은 주변을 살펴보는 것이다.

사실 들어갈 때는 자신만만했지만, 막상 묘지 한가운데 차를 세우고 차 문을 열었는데 무서움이 일시에 엄습하여 바로 닫아버리고 말았다.

창만 내리고 주변을 살피는 데도 머리칼이 쭈뼛쭈뼛 곤두서고 온몸이 오싹오싹하여 견딜 수 없었다.

이 말에 공감을 못 하는 분은 한번 직접 체험해보길 바란다.

그렇다면 그곳에 묻힌 시신들은 어떨까?

수많은 세월 그 무서운 곳에 묻혀 꼼짝달싹 못 하고 있으니 말이다.

그곳에 묻혀 있는 수많은 시신 중엔 수를 다하도록 살아온 사람도 있지만, 일순간 10~20초 사이에 판단 잘못으로 생명을 잃은 사람이거나 본인의 의사나 판단과 무관하게 타의에 의해 생명을 잃은 억울한 영혼일 것이다.

필자는 순간의 실수로 죽어가는 산업현장의 근로자들의 죽음에 대한 정보를 수집하여 사례별로 기록하였다.

살아있는 사람들에게 그들과 같은 실수를 하지 않도록 하는 '위기탈출 10초 작전' 길라잡이인 셈이다.

필자는 이 책을 가정주부들에게 권한다는 서문을 달았다.

근로자들의 연령이 대부분 40~60세의 가정이 있는 가장들이기 때문이다.

산업현장에 가장이 취업을 하면 회사를 찾아가서 작업환경을 살펴보고 어떤 문제점이 있는지 살펴볼 필요가 있다.

문제점을 가장에게 알리고 수시로 주의를 환기 시켜야 더 안전하게 일할 수 있다.

단, 아침 출근 전엔 피하고 바가지도 긁지 말아야 한다.

출근 전 바가지 긁히고 잔소리 듣고 나오면 작업에 지장이 있고 실수하기 쉽기 때문이다.

저녁이나 기분 좋을 때 조언을 해야 한다.

생명은 단 하나! 실수하는 순간, 이 세상을 떠나야 하고 가족들은 평생 고통을 받아가며 살아야 한다는 사실을 근로 자들도 알아야 하고 그 가족들도 알아야 하기 때문에 쓴 책 인데 많은 사람이 읽지 않아 아쉬움이 남아 있는 책이다.

회사는 근로자의 안전을 위해 많은 노력을 할 수밖에 없다.

사고 나면 금전적, 생산 차질, 배상 문제 등 많은 고통과 손실이 따르기 때문이다.

사고 당사자의 고통은 그보다 몇십 배 클 것이다.

그런데도 안전의식은 따르지 못하는 것이 사실이다.

각종 안전수칙을 무시하고 편한대로, 과거 습관대로 진행 하다 재수 없게(본인들의 생각) 사고를 당하고 마는 것이다.

나를 위해 안전수칙 지키면 그것이 가족과 회사에게까지 안정과 행복을 줄 수 있다는 것을 잊지 않았으면 좋겠다.

2012년 11월 16일

어떤 일을 하고 싶은가 자기 스스로 찾아내고, 전력을 다해 몰두하라.
다른 사람보다 한 걸음 앞서고 싶으면, 자기 장래의 계획은 자기가 정하여야 한다.
알맞게 몰두할 수 있는 일에서, 의욕과 힘을 찾아내어 성공을 향한 길로 나아가라.

– 그레이엄 벨

37 기러기 정신

슬플 때 내는 소리가 울음소리다.

기쁠 때도 우는 사람이 있지만 슬플 때보다는 아주 적으니 울음은 슬픔의 표현이다.

그런데 사람들은 동물들의 소리는 모두 울음으로 표현한다.

'닭이 울면 새벽이 온다.', '산속에서 여우의 울음소리가 들렸다.', '지지배배 새들이 울부짖는다.', '기러기 울음소리가 요란하다.'

새나 짐승은 서로 정보를 교환하고 영역을 알리는 각종 소리를 낸다.

그것을 사람들이 울음소리라고 왜곡하고 있다.

가을이 되면 북에서 남으로 기러기 떼가 이동한다.

'∧' 재대열을 지어 이동할 때 "꽤액꽤액" 소리를 지르며 서로 대열을 이탈하지 않도록 격려하면서 날아간다.

분명히 말해서 슬퍼서 우는 것이 아니고 리더가 지휘하는 고함도 아니다.

앞서 가는 기러기는 뒤에 따라오는 기러기에게 대열에서 이탈되지 말고 잘 따라오라고 소리를 지르는 것이고 뒤따라가는 기러기는 걱정하지 마라 나 잘 따라가고 있다고 소리를 내어 서로 격려하고 응원하면서 간다.

기러기 떼도 서로를 격려하며 목적지까지 이탈하지 않고 이동하고 외적의 위험을 알려가며 살아가고 있는데 사람들은 서로 속이고 서로 불신하면서 상대방을 제압해야(힘으로, 경제적으로, 권력으로, 실력으로) 내가 잘살고 목적을 달성할 수 있다고 생각하며 살아가고 있다.

인간사회에서도 기러기 정신을 받아들인다면 지금보다 아주 즐겁고 행복한 삶이 되지 않을까 생각해본다.

가족이나 직원들에 대한 보상은 그들의 욕구를 충족시켜주는 것이다.

욕구를 충족시키는 방법으로 금전과 격려가 있다.

금전은 한계가 있지만, 격려와 칭찬은 무한하니 격려를 통하여 역량을 발휘할 수 있도록 해야 한다.

격려 중 가장 큰 격려는 직원들이 일을 해낼 수 있다고 판단될 경우 간섭하지 않는 것이다.

직원에게 침묵을 지키는 것도 '나는 당신을 믿습니다.'라는 강력한 메시지를 전달하는 것이다.

늘 상대방을 다양한 방법으로 격려하고 칭찬하면서 살아가는 아름다운 가족사회, 열정이 넘치는 집단사회를 만들어야 한다.

　가족 구성원 간의 기러기 정신, 집단 구성원 간의 기러기 정신으로 생활방식을 바꿔보자.

　늘 상대를 경계하고, 속이고, 힘으로 제압하는 살벌한 인간사회에 기러기 정신은 꼭 필요하다!

2012년 11월 09일

위대한 사람은 단번에 그와 같이 높은 곳에 뛰어오른 것이 아니다.
많은 사람들이 밤에 단잠을 잘 적에 그는 일어나서 괴로움을 이기고 일에 몰두했던 것이다.
인생은 자고 쉬는데 있는 것이 아니라 한 걸음 한 걸음 걸어가는 그 속에 있다.
성공의 일순간은 실패했던 몇 년을 보상해 준다.

ㅡ 로버트 브라우닝

38 속지 않는 기술

이번 주 내 머리에 꽂힌 역발상 명언은 '강력한 부정은 긍정'을 뜻한다는 친구로부터 들은 말이다.

우리가 사는 사회는 생존경쟁을 위해 속고 속이는 사회이다.

이해관계 때문에, 또는 승부 벽 때문에, 아니면 그냥 습관적으로 '속이고 속고, 속고 속이고'를 반복하면서 살아간다.

서로 피장파장이다.

그러나 속이지 못하고 속고만 살다 보면 화가 치밀어 오른다.

보복하거나 면박을 주어야 시원해진다.

그런데 상대방이 가만히 있지 않고 덤벼들면 싸움이 되고 만다.

좋은 방법은 속지 않는 방법이다.

필자는 30년 사업을 하면서 속지 않는 기술이 성공하는 기술이라는 사실을 오랜 경험을 통해 터득해가고 있다.

사업 시작 후 10여 년간 속고만 살아야 했던 때가 있었다.

속임수가 필요 없는 교사생활을 접고 속임수로 시작하여 속임수로 끝나는(나중에 안 지식) 건설현장에 뛰어들면서 겪어야 했던 수난기였다.

주변 사람들의 충고도 무시하고 가족의 반대도 무시하고 무작정 뛰어든 곳, 그곳은 진흙탕이었다.

10년을 하루같이 속임수 수렁에서 빠져나오려 발버둥 쳤지만, 점점 더 깊이 빠질 뿐 헤어날 수 없었다.

정면 돌파하기로 했다.

속임수를 돌파하려면 속지 않는 기술이 필요했다.

직원에게 속고, 납품업자에 속고, 발주자에 속고 아침부터 잠자리에 들 때까지 속기만 하다 밑천은 바닥났고 해결책은 보이지 않았다.

사례별로 정리하여 하나씩 파헤쳤다.

나를 가장 많이 속인 직원은 가장 가까이서 일하던 관리부장이었다.

① 부품 구입 시 명세서 받고 15% 깎아 대금지불하고 회사엔 명세서대로 지출한 것처럼, ② 구멍가게 외상장부엔 사이사이 끼워 넣기로 외상값 부풀리고, ③ 짜장면값은 청구하지 않고 1개월씩 미루다가 2배, 3배 청구하는 방법 등 수 십 가지의 방법을 동원, 회사 자금을 빼먹는 것을 찾아내는 일부터 납품업자의 수량 속이기, 규격 속이기, 가격 올리기며, 발주자의 속임수까지 모든 과정을 분석하고 사안에

따라 즉시 결제방법, 지급이 늦어지면 미지급 결재 및 검수 절차 등을 모두 제도화하여 속일 틈을 주지 않도록 했다.

30년 동안 속지 않는 역발상 지혜는 물품대금 지급에서 시작되었고 사례별로 정리하여 칼럼을 쓰고 책을 만들면서 상대방의 말만 들어도, 상대방의 눈빛만 보아도, 상황판단 이 가는 역발상 지혜를 터득하였다.

지나치기 쉬운 역발상 속임수 몇 가지를 들어보면 ① 지 나친 친절은 속임수를 내포하고 있다, ② 지나친 선심은 반 대급부를 노리고 있다, ③ 강력한 부정은 긍정을 뜻한다, ④ 지나친 저자세도 속임수일 수 있다, ⑤ '공짜, 공짜' 노래 부 르는 자는 속임수 왕초다 등 대중이 당하기 쉬운 속임수 일 부를 소개했다.

필자가 수령에 빠져 허우적댈 때 유행한 성공 관련 책들 은 ① 속아주고 덮어주면 성공한다, ② 직원에게 술 잘 사고 돈 잘 찔러 주면 성공한다, ③ 스카우트 잘해야 성공한다 등 이었으나 필자는 모두 뒤집어 실천했다.

속임수도 성공작전, 속지 않는 기술도 성공작전이다.

대부분의 사람은 전자를 택한다. 그러나 최후의 승자는 후자를 택한 사람들이다.

필자는 직원들에게 실수 공개하면 상주겠다는 약속을 주 기적으로 한다.

그런데 상금 타는 사람이 없다.

감추는 습관이 몸에 배서 쉽게 습관을 바꿀 수 없기 때문이다.

이들에게도 역발상이 필요하다.

속여야 안전하다고 생각하는 사람들에게 사실을 사실대로 말하는 건 지금으로선 대단한 용기일 것이다.

2012년 11월 01일

자기 앞길에 어떠한 운명이 기다리고 있는가. 그것을 묻지 말고 나아가라!
그리고 대담하게 자기 운명에 직면하라.
자기 앞길에 무슨 일이 생길 것인가 묻지 말라!
오로지 전진하는 자만이 성공한다.

– 이필연

39 근로자 안전, 가족이 나서야

　필자는 1998년 현장에서 순간적 실수로 사망한 사례를 정리하여 근로자와 그 가족이 읽도록 하여 산업현장에서 안전사고를 줄이자는 취지로 '안전박사'란 책을 냈다.

　그러나 독자들의 호응을 얻지 못하였다.

　예나 지금이나 건설계통의 근로자들과 가족들은 안전보다는 당장 필요한 임금과 노는 날에 더 관심을 갖고 있으며 현장의 작업조건이나 구체적 안전관리 등엔 큰 관심을 보이지 않고 있다. 일반적으로 안전의식이 결여되어 있다.

　그들은 교육을 싫어한다.

　차라리 교육시간에 일을 하자고도 한다.

　이들은 학생 때에도 대부분 공부를 게을리 한 편이며 직업의 특성상 신문, 잡지 등 책과 멀리하는 경향이 있다.

　온종일 힘든 일 하고 퇴근하면 우선 푹 쉬어야 다음날 정상 출근을 할 수 있기 때문이기도 하지만 책이나 신문 등 교양과 정보수집에 관심이 적기 때문일 것이다.

필자가 책을 내면서 이 책은 반드시 아내(가족)가 읽고 아침, 저녁으로 안전에 대한 잔소리를 할 것을 부탁하였다.

물론 회사에서는 안전사고가 발생하면 산재처리를 해야 하고 치료비며 치료기간의 임금을 감당해야 하는 등 엄청난 금전적 손실과 생산 차질을 빚게 된다.

매일 안전지도를 하고 각종 보험도 들고 이중삼중의 안전장치를 하는 등 안전사고 줄이기에 집중하지만 예기치 않은 곳에서 사고가 발생하곤 한다.

당사자인 근로자들은 안전보다 휴식이나 수입에만 관심이 있는 것 같다.

작업 중 발생하는 사고는 주로 사소한 부주의로 발생한다.

드릴이나 유압기 사고, 물건 상하차 시 사고, 운반 중 전도 사고 등 조금만 신경 써도 사고를 줄일 수 있는 일들인데도 안전수칙을 무시하고 자기 맘대로 일하다가 다치는 경우가 대부분이다.

회사를 경영하는 경영자 입장에서는 너무 황당하고 어처구니없는 사고를 접할 때마다 분통이 터진다.

작은 사고라도 산재처리를 하지 않으면 무리한 요구를 하여 어쩔 수 없이 산재처리를 하지만 그 후유증은 심각하다.

노동부로부터 각종 사후검사 및 관리가 따르기 때문이다.

근로자 가족에게 간곡히 부탁한다.

출근 전 작업 안전을 상기시키고 퇴근 후에도 기회 있을 때마다 안전사고 사례별로 주의를 하도록 하여야 한다.

안전사고가 발생하면 우선은 본인이 고통스럽고 다음으로 가족 그리고 고용한 회사가 고통받게 된다.

불가항력적 사고는 어쩔 수 없지만 작은 실수 또는 부주의로 인한 사고를 막는데 본인은 물론 가족들의 큰 관심이 필요하다.

2012년 10월 25일

> 지위가 낮다고 남에게 불만을 털어놓고 주인에 대한 불평을 하는 것은 잘못이다.
> 무엇보다 먼저 일에 열중하라. 그리고 내가 없으면 주인이 곤란을 겪을 것이라는 것을
> 주인에게 인식시키라. 불평을 말하지 않고 사실로 보이는 것이 성공의 비결이다.
>
> ─골덴

40 결혼문화

우리나라 최대 신문사인 OO일보에서 벌이고 있는 작은 결혼식 캠페인이 일부 지도층을 중심으로 큰 반향을 일으키고 있다.

가족과 친지가 모여 조촐하게 치러지던 결혼식이 언제부터인가 호텔이 결혼식장이 되고 1인당 10만 원이 넘는 식사를 제공하는 초호화 돈 자랑 판이 되고 있던 차에 OO일보가 앞장서서 벌이는 결혼식 간소화 운동이야말로 정부가 하지 못하는 결혼문화를 바꾸는 계기가 될 것 같아 기대가 크다.

그렇다면 필자의 초라했던 결혼식도 자랑이 될 듯싶다.

필자는 작은 도시의 조그만 성당에서 100여 명의 신자들과 가족만 참석한 정말 조촐한 결혼식을 올렸다.

주례는 콜롬비아 신부가 했고 신랑 집 참석자로는 부모님 내외분뿐 형제도 일가친척도 참석하지 않았다.

물론 마을 분들 모시고 잔치국수 한 그릇씩 나눠 먹는 뒤풀이 음식 나눠 먹기는 시골풍습이라 어쩔 수 없었지만 가장 간소한 결혼식이라 할 수 있을 것이다.

주례를 해주신 신부님께 드리는 사은품으로는 1원, 5원, 10원짜리 신권 몇 장이 전부였고 신랑신부 예물은 은반지 한 개씩이 전부였다.

자녀 결혼도 일가친척과 가까이 지내던 친구들 몇 명만 알렸다.

그런데도 이 사람 저 사람 서로 연락하여 400여 명이나 참석하는 바람에 준비된 음식이 부족하여 1인분을 2사람이 나눠 먹고 일부는 그냥 돌아가는 현상이 나타났다.

그분들께 너무나 미안했던 기억이 지금도 생생하다.

그런데 이번엔 가장 친하게 지냈던 친구 여식 결혼식에 초대받지 못하는 일이 벌어질까 몹시 섭섭한 마음이 들고 착잡한 것은 웬일일까?

아직 날짜가 있어 어떻게 될지는 모르지만 초청되지 않는다면 정말 속상할 것만 같다.

서로 결혼식에 초청하고 하객으로 참석하여 축하해주는 일은 우리 민족의 전통적 풍습이며 세계에 자랑할 만한 미풍양속이다.

지금처럼 지나친 호화 결혼 풍조가 지속된다면 당사자의 경제적 부담은 물론 축하해주어야 할 하객들에게도 부담이 되어 미풍양속이 폐습이 될까 두렵지만 서로 가까이 지내는

친구들마저 배제하고 숨은 결혼식을 올리는 것도 좋은 생각
은 아니라 생각된다.

OO일보의 작은 결혼식 캠페인이 성공하여 이 나라 결혼
문화가 간소하고 친지 간의 친목을 도모하며 정을 주고받는
결혼문화로 뿌리내리길 기대해본다.

2012년 10월 18일

한 마리의 개미가 한 알의 보리를 물고 담벼락을 오르다가 예순아홉 번을 떨어지더니
마침내 일흔 번째 목적을 달성하는 것을 보고 용기를 회복하여 드디어 적과 싸워 이긴
옛날의 영웅 이야기가 있는데, 동서고금에 걸쳐서 변치 않는 성공의 비결이다.

— 스코트

41 느림보 퇴출 작전

우리 회사 작업장에 붙은 긴급 방이다.

우리나라는 세계역사에서 유례를 찾아볼 수 없는 초고속 성장 국가의 표본이다.

30년 만에 국민소득 100불 미만의 세계 최빈국에서 2만 불 시대로 급성장하였다.

8·15 광복 당시 우리 집 시렁엔 콩깻묵 2덩어리가 달랑 얹혀 있었다.

난 너무 어려서 잘 몰랐지만 커가면서 대동아전쟁(중·일 전쟁) 막바지에 콩기름이 대량 필요해 콩을 모두 공출하고 (강제로) 대신 기름 짜고 남은 찌꺼기인 콩깻묵 덩이를 받았다는 사실을 알게 되었다.

해방 초기부터 5·16까지 너무도 살기 어려웠던 기억은 또 있다.

퇴비도 부족하고 비료는 아예 없어 논에 벼를 심어도 잘 자라지 않았다.

대신 피만 무성하여 피를 훑어 죽을 쒀 먹는 광경을 본 일도 있다.

찢어지게 가난했던 우리나라는 5·16혁명 이후 수차례의 경제개발 계획의 성공으로 점점 삶의 질이 나아지기 시작하여 지금 세계 7대 무역대국이 되고 10대 경제 부국이 되었다.

빈부의 차가 있다 해도 굶어 죽는 사람은 찾아볼 수 없게 되었고 3일만 일하면 한 달 먹을 수입이 생기는 세상이 되었다.

개발 초기 "새벽종이 울렸네~" 마을마다 울려 퍼지는 확성기 소리에 맞춰 일을 하고 젊은 근로자들이 중동에 나가 밤낮없이 일한 결과가 지금의 부의 밑거름이 된 것이다.

우리 회사는 1993년부터 '일 빨리 운동'을 제창하였다.

스프링 생산 회사 삼원정밀이 초관리 운동을 전개하여 세상을 놀라게 할 때 우리는 막노동이 주를 이루는 건설 분야의 주먹구구식 경영에서 탈피하려고 일 빨리 운동을 전개하였다.

언론에 노출되면서 '뚝심 전선 이상 없다', '노가다 맹장' 등 막노동판에서도 계획적이고 체계적으로 신속하게 작업이 진행되면 잘 살 수 있다는 내용의 다큐멘터리를 MBC와 EBS에서 경쟁적으로 찍어 반영하였다.

그러나 일 빨리는 채찍을 휘두를 때만 효과가 있을 뿐 20

여 년이 지난 지금도 늦어지는 현상이 주기적으로 반복되고 있다.

경영은 점점 어려워지고 씀씀이는 점점 늘어나는 위기 상황에서 살아남는 길이 공기 단축하여 고임금 속에서도 경쟁력을 갖춰야 하는데 근로자들에겐 '소귀에 경 읽기'일 뿐 자기 임금도 못 벌면서 임금 타령만 하고 있으니 답답하고 기가 막힐 뿐이다.

한 달에도 몇 번씩 제발 당신들 임금만이라도 벌어달라는 하소연에도 아무런 반응이 없다.

할 수 없이 또 하나의 강권발동이 시작되었다.

'느림보 퇴출', 얼마나 효과가 있을지 모르지만, 또 하나의 역발상 성공 작전이 되길 바랄 뿐이다.

2012년 10월 11일

단단한 우정, 또는 영속적인 사랑의 관계를 유지하고 있다면,
그것은 마음이 선량할 뿐만 아니라 굳건한 정신력을 가진 그야말로 인간으로서
매우 중요한 두 가지 조건을 겸비하였다는 좋은 증거다.

— 윌리암 해즐릿

42 싸이 열풍에

영웅이 탄생했다.

옛날 같으면 전쟁에 나가 조국을 위해 장렬히 싸우다가 죽거나 외세에 항거하여 목숨 바친 사람들이 영웅대접을 받고 역사책에 올랐다.

전쟁이 없는 지금, 삶의 질이 좋아지고 자유를 만끽하며 살아가고 있다.

목숨 바쳐 싸울 곳도, 외세에 항거할 것도 없는 지금과 같은 태평 시엔 모든 사람이 환호하는 대상이 되면 그 사람이 영웅이다.

싸이(박재상)가 오늘의 영웅이다.

전 세계가 싸이의 '강남스타일'따라 몸을 흔들고 뛰고 마음껏 소리 지르며 야단법석이다.

취업문제, 사업부진, 물가고 등 대다수 국민이 고통스럽게 살아가는데 가뭄 끝에 한줄기 소나기가 쏟아지는 기분이다.

강남스타일은 차이나스타일로, 오바마스타일로, 롬니스타

일로 수천수만 가지 스타일이 세계 각국에서 생겨나고 있다.

대한민국 5,000년 역사를 통틀어 봐도 싸이처럼 전 세계인들에게 감동을 주고 따라 하려고 하는 사람은 없었다.

세계를 뒤흔든 진정한 영웅은 누가 만들어 낸 것이 아니고 스스로 만든 것이지만 우리 모두 싸이를 축하하고 제2, 제3의 싸이가 탄생하기를 기대한다.

이 글이 읽혀질 때는 빌보드차트 1위에 올라올 것이 분명하다.

각자의 자리에서 영웅이 되도록 노력하는 계기로 삼아야 할 것이다.

대선이 한창인데 그들은 도토리 키 재기를 하고 있다.

상대방의 실수나 비리를 캐려고 눈 부라리고 있다.

상대 후보 보다 좋은 정책 개발하여 유권자 설득하려 하지 않는 삼류 정치인들에 신물 난 국민들에게 싸이는 청량제가 되고 있다.

온 국민이 기뻐해야 할 일이고, 자랑스러운 일이 아닐 수 없다.

2012년 10월 06일

43 텃밭 취미가 특기된다

채솟값이 천정부지로 올라 주부들이 울상이다.

봉급은 쥐꼬리만 하고 그나마 오를 기미도 없는데 채솟값이 고깃값보다 비싸니 주부들 근심이 이만저만이 아니다.

주부들이 준비하기 가장 쉬운 반찬은 채소가 아니고 고기로 바뀐 지도 오래다.

고기를 상추에 싸먹는 것이 아니고 상추를 고기로 싸먹어야 한다는 푸념도 있다.

그나마 중국에서 수입된 것이 대부분이라서 가족건강 걱정이 이만저만이 아니다.

주변에 빈터가 많아도 활용할 줄 모르는 주부들이 많다.

주말에 빈터 찾아 상추, 쑥갓, 무 등 채소를 재배해보는 취미를 붙여야 한다.

채소와 곡식을 심고, 가꾸고, 수확해보는 농사체험이 필요하다.

4~5년 경험을 하면 작물 가꾸기 요령을 체득할 수 있다.

거름 주는 시기, 심는 간격, 수확하는 시기가 각각 달라 체득할 기회가 없으므로 몸으로 때우고 주변 농부들에게 물어물어 많은 경험을 쌓아야 한다.

지금 농촌엔 젊은이가 없다.

60대가 가장 젊고 70~80대가 보통이다.

10~20년 이내에 모두 세상을 뜨게 되고 농촌은 방치된 농토와 빈집투성이가 될 것이다.

농사 경험이 있는 젊은이들에겐 신천지가 되는 것이다.

도시생활을 하면서도 주말마다 내려가 농사를 짓고 올라와 직장생활을 할 수 있는 노하우를 쌓아두면 농사도 큰 특기(기술＋기능)가 될 것이다.

지금이 4~5년 지속적인 체험활동을 시작할 적기이다.

2012년 09월 28일

나의 친구는 세 종류가 있다. 나를 사랑하는 사람, 나를 미워하는 사람, 그리고 나에게 무관심한 사람이다. 나를 사랑하는 사람은 나에게 유순함을 가르치고, 나를 미워하는 사람은 나에게 조심성을 가르쳐 준다. 그리고 나에게 무관심한 사람은 나에게 자립심을 가르쳐 준다.

-J.E. 딩거

44 강대국엔 찍소리 못하는 일본

'고양이 앞에 쥐'라는 말이 있다.

힘센 고양이 앞에 쥐는 고양이의 처분만 바라보는 미물에 불과하다.

굼벵이는 주변의 조그만 충격에도 몸을 도르르 말아 죽은 시늉을 하고 있다.

모든 동물은 자기보다 힘센 상대가 나타나면 죽은 듯 움츠리고 있거나 숨어 버린다.

인간세계에서도 강자와 약자의 태도는 확연하다.

우리나라를 비롯하여 중국, 러시아는 일본과 영토분쟁 중이다.

우리가 일본의 지배를 받던 시절 독도를 자기네 나라 영토로 편입해놓고 있다가 지금 와서 독하게 나오고 있다.

그런가 하면 쿠릴열도를 점유하고 있는 러시아와는 대응을 자제하고 있으며 센카쿠 무인도(댜오위다오)를 국유화하면서 중국의 강력한 대응에 쥐 죽은 듯 조용하다.

약자에게 유난히 강하고 강자에게 유난히 약한 일본의 두 얼굴이다.

우리는 36년간 나라를 빼앗긴 설움이 있다.

그런데도 정신 못 차리고 당파싸움만 하고 있다.

그러니 지금도 우리를 얕보고 함부로 대하고 있다.

힘을 기르지 못하면 언제 또 일본의 지배를 받을지 모른다.

위정자들의 각성이 필요하다.

온 국민이 힘을 길러 일본의 야욕에 대처해야 할 텐데……

국민정신이 잘못된 건지, 올바른 지도자를 못 만난 건지 수 백 년 동안 외세에 휘둘리며 살아오고 있다.

믿을 건 나 스스로뿐이다.

국민 각자가 힘(경제력)을 비축해야 한다.

호화사치 배격하고 조금씩이라도 저축하여 경제력을 키워야 한다.

통일기금도 모아 통일에 대비해야 한다.

작은 영토, 적은 인구인 우리나라로서는 주변 강대국과 맞서려면 부를 축적하고 지속적으로 기술개발을 해야 한다.

국민 각자 스스로 노력 없이 정부나 지도자에게만 의존할 수는 없다.

2012년 09월 21일

45 준조세 폭탄 속 살아남기

요즘 소기업과 자영업자들은 장기간 경기침체로 개점휴업 상태다.

인건비 일부라도 보전해야 하고 장비 놀리면 녹슬어서 못 쓰게 되며 그나마 있는 거래처 떨어질까 봐 어쩔 수 없이 일은 하지만 시간이 흐를수록 적자 폭이 확대되고 있는 실정이다.

빚은 계속 늘어나는데 설상가상으로 준조세까지 기하급수적으로 늘어 문 닫을 수도 지속할 수도 없는 어려움을 겪고 있다.

과거에 비해 달라진 현상으로 세무서 직원이 찾아오는 것을 볼 수 없고 경찰관, 소방서원 등의 기업체 방문은 완전히 사라졌다.

○○부녀회, ○○노인정 등의 방문도 대부분 사라지는 등 기업환경은 획기적으로 좋아지고 있으나 준조세라 할 수 있는 각종 단체의 기부금 지출이 늘어나고 각종 규제와 직결

되는 인증제도가 새로 생겨 지출해야 하는 경비가 억대에 이르고 고용보험, 산재보험이 과다하여 소기업이나 자영업체로서는 감당하기 힘든 상황에 이르렀다.

정부나 산하단체의 준조세성 보험과 인증제도를 통폐합하고 요율을 대폭 내릴 필요가 있다.

어려운 환경 속에서도 기술개발 지속하고, 시스템 구축 지속하고, 개선운동 지속하는 기업은 도리어 경쟁력이 높아져 잘되는 곳도 있다.

그렇지만 대다수 영세기업은 그런 준비와 노력을 할 수 없는 열악한 환경이다.

그들은 현 정권엔 아무것도 기대할 수 없다는 푸념만 늘어놓고 있다.

차기 대통령 되겠다는 분들도 시야가 너무 좁아 미래를 내다보지 못하고 대중들의 아우성을 잠재우려는 근시안들이라서 크게 기대하지 않는 것이 좋을 듯하다.

장기간 지속하는 경기침체에서 살아남는 길은 꾸준히 기술 개발하고 스스로 개선하여 경쟁력 높이는 길밖에 없을 것이다.

2012년 09월 14일

46 고졸시대

이명박 대통령의 치적 중 필자에게 가장 잘한 것을 뽑으라면 '마이스터고'를 뽑겠다.

고등학교는 원래 전인교육이 목적이었다.

그러나 오래전부터 입시교육의 전진기지로 변질되었다.

한참 자라야 할 학생들을 입시지옥으로 몰아넣은 장본인은 국가와 교육자들이다.

이런 상황에서 탄생한 전국 35개 마이스터고등학교는 취업을 전제로 한 학교이고 대통령의 최고 관심사이기도 했다.

대기업들이 이에 호응하면서 700명, 1,700명, 9,000명 등 4만여 명이 채용되었다.

30여 지방 중소기업도 동참하기 시작하는 등 기업들이 고졸 인재 모시기 경쟁에 돌입할 정도로 고졸 몸값이 상승하고 있다.

내년엔 전체 채용규모에서 16.4%까지 상승할 전망이다.

이제 고졸 출신은 생산직은 물론 사무직, 연구직까지 확대될 전망이어서 무작정 대학진학 붐은 좀 사그라질 듯하다.

서울 변두리는 물론 충청권까지 우후죽순처럼 생겨났던 대학들은 초긴장상태로 추이를 지켜보고 있는 실정이다.

대학을 졸업하고도 취직을 못 해 백수로 아까운 청춘을 보내고 있는 젊은이들에겐 새로운 돌파구가 된 셈이고 우후죽순 생겨났던 대학들에겐 위기가 되고 있다.

그런 대학은 알아서 빨리 구조조정을 해야 할 것이다.

무작정 대학진학 하겠다고 학원에서, 도서관에서 밤늦도록 아까운 시간 허비하던 젊은이들은 취업으로 방향을 돌려야 할 것이다.

고졸 사원을 채용한 기업들은 사내대학을 설립하여 일하면서 배울 수 있는 환경을 조성하도록 해야 한다.

국가가 뒷받침하고 기업이 앞장서면 고졸취업은 더욱 활성화되고 대학 구조조정도 자연스럽게 이루어져 학자금 부담이 크게 경감될 것이다.

2012년 09월 07일

누구와도 친구가 되려는 사람은 누구의 친구도 아니다.

— 부페퍼

47 국치일 이렇게 넘어갈 건가

금년(2012) 08월 29일은 102번째 국치일이다.

8.15행사는 매년 요란스럽게 하면서도 5,000년래 처음 나라를 송두리째 빼앗겼던 치욕스러운 이 날은 매년 정부의 무관심 속에 조용히 지나가고 있다.

1910년 08월 29일은 일본에게 나라(주권)를 통째로 넘겨 준 국치일國恥日이다.

이날 일본인들은 모두 일창기를 들고 나와 만세 부르고 전차 퍼레이드를 벌리며 새 영토를 공짜로 차지한 기쁨을 만끽했고 나라를 잃은 조선인들은 만주로 연해주로 흩어져 망국의 한을 달래며 살아갈 수밖에 없었다.

다행히 자력으로 되찾진 못했어도 외세의 힘으로나마 광복을 맞았고 지금은 일본과 대등한 국력을 갖고 일본보다 더 잘살고 있다.

그러나 언제 또 외세에 짓밟힐지 모르니 그날을 잊지 않도록 후손들에게 알리고 튼튼한 나라, 강한 나라 만들기에

온 국민이 동참할 수 있는 분위기를 조성해야 할 것이다.

이스라엘은 이집트에게 나라를 빼앗기고 나치(독일)의 대량 학살을 당하면서 살아야 했다.

곳곳에 세워진 기념관에는 유대인들의 피부를 벗겨 만든 모자, 가방 등을 전시하고 후손들에게 피박 당한 조상들의 고통을 짐작할 수 있도록 하고 있다.

그날이 되면 쓴 나물을 먹고 효소가 빠진 딱딱한 밀빵을 만들어 먹으며 치욕의 날을 되새기게 하여 아이들에게 다시는 나라를 빼앗기지 않도록 철저히 교육시키는 날로 삼고 있다.

민족이 망한 날, 모든 백성이 노예가 된 날, 재산을 모두 빼앗기고 자유를 빼앗겼던 날을 우리는 잊어서는 안 된다.

특히 자라나는 세대에게 나라의 중요성을 인식시키고 모든 국민이 강한 나라 만드는데 동참하도록 교육시켜야 한다.

늦었지만 08월 29일 국치일을 온 국민이 함께하는 추모의 날로 정하고 보리개떡, 주먹밥 등을 먹으며 하루를 나라 지키는 결의를 다지는 날로 하여야 할 것이다.

2012년 08월 31일

다정한 벗을 찾기 위해서라면 천리 길도 멀지 않다.
－톨스토이

48 위안부 역발상

'개 같은 놈', '개새끼' 등은 상대방과 다툴 때 툭툭 튀어 나오는 쌍소리다.

사람은 남녀가 성관계를 할 때 가려진 곳에서 그것도 불안하여 캄캄한 밤에 아무도 모르게 하는 것으로 알고 또 그렇게 실천하고 있다.

지금은 개를 개장에 가두어 기르거나 쇠사슬로 묶어 놓아 자유로운 교미조차 할 수 없는 처지가 되었지만 얼마 전까지만 해도 풀어놓아 먹였기 때문에 때와 장소 가리지 않고 사람이 있든 없든 상관없이 교미(성관계)를 하는 것을 보고 몰상식의 대명사로 '개 같은 놈', '개새끼'라고 하면서 상대방을 멸시했던 것이다.

성관계는 종족 번식의 본능이며 애정표현의 수단이지만 지금 사회문제가 되고 있는 것은 성욕구를 해소하지 못해서 발생하는 현상이다.

군대는 성욕구 해소를 하지 못하는 대표적인 집단이다.

옛날부터 상대국을 쳐들어가면 맨 먼저 여자들을 마구잡이로 겁탈하였다.

전쟁이 끝나면 사생아私生兒가 대량으로 증가하여 오랫동안 후유증이 지속되곤 했다.

베트남전쟁이나 이라크전쟁 등 전쟁 지역에서도 같은 현상이 발생하는 것은 상식으로 알고 있다.

2차대전 중 한국, 중국, 동남아 등에 진출했던 일본군의 성 욕구 해소를 위해 공식적으로 설치했던 위안소에 강제로 끌려갔던 위안부 문제도 성 욕구를 발산할 수 없는 군부대 내에서 발생한 현상이다.

공식적으로 위안소를 설치하고 줄을 서서 공개적으로 욕구 해소를 하게 한 행위는 일본당국의 큰 실수였으며 개들이나 저지를 수 있는 만행이었다.

한 세기가 다 지나도록 이 문제로 한·일간에 앙금이 풀리지 않고 있으며 현 정권 최대의 외교마찰로 이어지고 있다.

이럴 때 역발상이 필요하다.

일본은 경제적으로, 외교적으로 가장 어려운 상황이다.

그들에게 위안부 문제를 흔쾌히 처리할 수 있는 아량은 없다고 본다.

우리 정부가 통 큰 역발상 정책을 편다면 오랫동안 일본에 눌려 살던 우리의 한을 우리가 풀 수 있는 좋은 기회가 될 것이다.

위안부 문제를 우리 정부가 먼저 배상하여 그들을 위로하고 한·일간의 국민감정을 제거한 후 일본에 구상권을 청구하는 등 정부 간에 조용히 처리하는 결단이 필요하다고 생각한다.

일본의 지도자들이 두고두고 후회하게 될 역발상 정책이 될 것이다.

2012년 08월 24일

떨어지는 물방울이 돌에 구멍을 낸다. 승리의 여신은 노력을 사랑한다.
노력없는 인생은 수치 그 자체다. 어제의 불가능이 오늘의 가능성이 되며,
전 세기의 공상이 오늘의 현실로써 우리들의 눈앞에 출현하고 있다.
실로 무서운 것은 인간의 노력이다. 명예는 정직한 노력에 있음을 명심하자.

－M. 마르코니

49 삼국동맹

아버지 형제의 자손은 모두 사촌 간이다.

명절이나 제사가 아니라도 사촌끼리는 자주 만나 의논하고 음식도 나누어 먹는 아주 가까운 친척이다.

사촌끼리는 친하게 지내면서 가끔 의견충돌도 있지만 싸움이 붙으면 한편이 되어 상대를 제압하고 형제처럼 지내게 된다.

우리나라와 가까이 있는 일본과 중국은 이웃사촌이다.

삼국시대부터 문물을 주고받으며 교류하면서 살아가는 운명적 관계이다.

한쪽이 적이 되어 쳐들어오면 다른 이웃사촌과 협력하여 퇴치하기도 했다.

수 천 년을 내려오면서 적이 되기도 하고 친구가 되기도 하는 이웃사촌 간의 갈등은 지금도 계속되고 있고 앞으로도 계속될 것이다.

독도라는 바위섬 하나를 놓고 일본과 우리나라는 한 치의 양보도 없이 다투고 있다.

대만 인근에 있는 무인도를 놓고 중국과 일본의 대치 상황도 비슷하다.

중국에서는 '댜오위다오'라 하고 일본에서는 '센카쿠'라며 영토분쟁이 지속되고 있다.

며칠 전 중국인들이 오성기를 꽂았고 일본은 이들을 모두 체포하는 등 심각한 외교분쟁으로 비화하고 있다.

쿠릴열도는 러시아와 일본 간의 분쟁 지역으로 일본의 영토 야욕이 동북아시아 삼국과 계속 충돌하고 있다.

우리 대통령이 독도를 방문한 것을 계기로 일본은 영토지키기 특별기구를 발족한다 했다.

한국, 중국, 러시아가 삼국동맹을 맺어 일본과의 영토분쟁에 대응하는 기구를 만든다면 일본은 제가 파놓은 함정에 빠져들게 될 것이다.

영토지키기 삼국동맹을 누가 먼저 제안할지 지켜볼 일이다.

중국 춘추전국시대 오나라의 손무는 주변국과의 전쟁에서 살아남기 위해 병법을 개발했는데 후대사람들이 이를 손자병법이라 하였고 지금까지도 전쟁에 활용되는 병법이며 생존전략서이다.

러시아, 중국은 늘 미국과 대립하고 한국에도 적대관계를 유지했으나 지금은 가까운 이웃으로 변한 상태이다.

일본과의 영토분쟁을 계기로 동맹을 맺는다면 손자병법

에 버금가는 영토분쟁 해결책이 될 것이다.

이는 현대사에 빛날 최대의 역발상 전략이다.

그리고 일본의 콧대를 꺾어 놓는 흥미진진한 역발상 대응책을 어느 나라, 누가 먼저 내놓는지 지켜보기로 하자.

2012년 08월 16일

나의 천성적인 우울한 습성을 고쳐서 나의 청춘시절을 다치지 않고 신선하게, 새벽처럼 유지시켜준 것은 결국 우정뿐이었다. 그리고 지금도 나는 이 세상에서 남자들 사이의 성실하고 훌륭한 우정만큼 멋진 것도 없다고 생각한다. 그리고 언젠가 고독할 때에, 청춘에의 향수가 나를 엄습한다면, 그것은 오로지 학창시절의 우정 때문일 것이다.

— H. 헤세

50 통일비용 나부터

　정부는 2012년 08월 07일 '남북협력기금법' 일부를 개정하여 남북협력 및 통일기금법을 국회에 제출하기로 했다.

　개정안이 통과되면 국민이나 기관, 단체는 통일부 장관이 지정하는 기관이나 단체에 통일성금을 기탁할 수 있다.

　지금까지는 성금을 내도 남북협력기금으로 출연돼 대북지원에 쓰였을 뿐 통일기금으로 적립되지 않았다.

　분단 60년 동안 통일에 대한 준비는 하지 않고 말로만 통일을 주장한 역대 대통령들의 무능 때문에 통일기금 한 푼 없이 통일이 하늘에서 뚝 떨어지기만을 기다려 왔다.

　필자는 2005년 08월 06일 '통일세를 신설하자!', 2005년 08월 20일 '통일비용 나부터 준비한다.', 2009년 11월 12일 '역발상 통일전략', 2010년 08월 15일 '통일세' 등의 칼럼을 통하여 통일기금 조성을 애타게 제창하고 있다.

　다행히도 현 정부 들어와 류우익 통일부 장관 주도로 통일항아리 운동도 전개하고 이명박 대통령의 통일세 제안도 나오는 등 통일기금에 대한 필요성을 국민들께 호소하기 시작하여 다행스럽게 생각한다.

참고로 2005년 08월 15일부터 필자가 하루 3,000원씩 7년간 적립한 금액이 약 700만 원인데 작지만 모든 국민이 동참한다면 큰 고통 없이 통일을 이룰 수 있을 것이라 생각한다.

2005년 08월 20일 자 칼럼을 다시 한 번 게재한다.

2012년 08월 10일

만약 노력없이 얻어진 것이 있다면 이것이 악마가 주는 일시적인 행운이 아닌지
돌아보십시오. 노력없이 얻어진 것 뒤에는 반드시 화가 따릅니다.
왜냐하면 공의로우신 하나님의 법칙은 스스로 돕는 자를 돕는 것이며,
끊임없이 두드리는 이에게 열리기 때문입니다.

– 김인경

Part 2
아직 변하지 않는 것들

51 동서 관통로 성사단계

필자가 2006년 01월 21일 제안했던 동서 관통로에 대한 칼럼이 성사단계에 이르렀다.

강화, 파주, 연천, 고성을 연결하는 동서 관통로(시장, 군수 협의회에서 추진하는 가칭 평화고속도로)의 필요성을 지자체장들이 인식하고 정부에 추진해줄 것을 건의하였다는 기사를 보았다.

그동안 국도와 지방도로가 대부분 남북방향으로 되어있어 동서 연결이 되지 않아 균형발전이 안 되고 지역 편중이 심화하여 북과 대치 중인 지역은 타 지역에 비해 낙후된 상태가 반세기 동안 지속하였다.

늦게나마 동서를 잇는 도로(고속도로)의 필요성을 인식하고 관련 지자체장들이 나서서 이 지역 주민들의 숙원을 해결하려는 발상을 높이 평가한다.

이 계획은 꼭 이루어질 것이다.

참고로 2006년도 필자의 칼럼을 다시 한 번 게재하기로 하였다.

2012년 07월 05일

52 자기 과시용 외래어 범람

　신문을 펼칠 때마다 새로운 용어가 등장한다.

　대다수가 영문이지만 한자 용어가 튀어나올 때도 잦다.

　그때마다 작은 글씨로나마 우리말 뜻풀이가 붙어서 이해를 돕고 있다.

　그러나 몇 번 연속 나오면 그다음부터는 뜻풀이가 사라져 이해 못 하고 넘어갈 때가 많다.

　새로운 용어를 찾아가며 보는 여유가 있다면 좋겠지만, 솔직히 말해서 제목도 다 못 보고 폐기되는 일이 매일 반복된다.

　출근 전 3개 신문, 출근 후 3개 신문, 업무 중 3~4개 신문 (지방신문, 주간신문, 특정 업종신문) 출근 시간은 늘 빠듯하고 일과 중에 짬짬이 보는 시간도 제한된다.

　시간에 맞춰 아내의 노랫소리가 들리고 그럴 때마다 다 보지 못한 신문은 폐기장으로 가게 마련이다.

　술술 읽을 수 있는 내용도 아니다.

새로운 용어가 툭툭 튀어나오는데 일일이 사전을 찾을 수도 없다.

　그냥 대충대충 넘어가고 어렴풋이 느껴지는 감으로 내용을 짐작할 때도 있다.

　사이드카(5분간 매매 중단), 서킷브레이커(20분간 매매 중단) 등 전문용어는 증권용어이면서 주기적으로 나타나기 때문에 어느 정도 감이 잡히지만 생전 처음 보는 용어 大傳長傳(대전장전 : 대통령과 장관이 똑같다) 등은 해설이 없다면 이해하는 사람이 별로 없을 것이다.

　최근에 등장한 매카시즘(반공산주의)이나 캐시카우(수익창출), 제노포비아(외국인 혐오증), 힐링(치유) 등 매일 쏟아내는 외래어를 우리말로 표기한 용어 때문에 스트레스받을 때가 자주 있다.

　교수, 지식층, 지도급 인사 등 사회 선도 집단에서 자기 과시용으로 사용하는 용어가 범람하여 대중들에게 불필요한 스트레스를 주고 있다.

　세계화된 생활환경의 부작용일 수도 있고 세계화 속에서 살아가려면 어쩔 수 없이 접해야 할 용어들일 수도 있지만, 우리 고유어로 표기했으면 좋겠다.

　영어를 많이 배우는 젊은이, 한자를 많이 배운 노인들에겐 그냥 지나칠 수 있는 현상일 수도 있으나 일반 대중들에겐 큰 짐이 될 수 있다.

사회를 선도하는 신문이나 라디오방송, TV방송 등에서는 무분별하게 남용되는 외래어 사용을 자제하도록 권고할 필요가 있다.

2012년 06월 29일

사람은 모든 길을 갈 수는 없다. 성공은 한 분야에서 얻어야 하며,
우리 직업은 오직 하나의 인생 목표로 삼아야 하며, 다른 모든 것은 이것에 종속되어야 한다.
나는 일을 어중간하게 하는 것을 싫어한다. 그것이 옳으면 대담하게 하여라. 그
것이 그르면 하지 말고 버려라. 이상을 가지고 산다는 것은 성공적인 삶이다.
사람을 강하게 만드는 것은 사람이 하는 일이 아니라, 하고자 노력하는 것이다.

– 어니스트

53 마이스터 고등학교 확대를

부모는 누구나 자기 자식 잘되기를 바라며 일생을 살아간다.

가장 서러웠던 기억을 무덤까지 갖고 가야 하는 세대가 대학을 나오지 못한 기성세대일 것이다.

그렇게 간절했던 삶의 보상으로 자식만은 대학을 보내야 한다는 생각이었다.

그 결과 오늘의 젊은이들은 모두 대학을 다니거나 졸업한 세대들이다.

그러나 대학을 나왔다고 취직이 되는 것도 아니고 경제적으로 윤택한 것도 아닌 것이 현실이다.

부모세대의 간절한 소원은 성취되었지만, 대학 졸업자가 넘쳐난 만큼 일자리가 생긴 것도 아니고 옛날처럼 대학 나온 사람에게 특별대우를 해주는 것도 아니다.

취직자리가 없어 백수로 허송세월하는 젊은이, 일자리는 있어도 전문성과 거리가 먼 자리뿐이니 희망을 갖고 의욕적으로 일할 맘도 안 난다.

대학에 대한 회의만 늘어날 뿐인 현재의 진학제도는 진즉이 개선되었어야 했다.

늦었지만 마이스터 고등학교 제도가 생겼고 고졸 취업을 장려하는 이명박 정부의 노력이 돋보이게 되었다.

고졸 채용 TV프로그램도 신설되는 등 고졸시대가 열리는 현상은 아주 좋은 현상이다.

마이스터 고교 수를 확대해야 한다.

50%까지 고졸 취업이 늘어난다면 우리나라도 독일 못지않은 튼튼한 경제 구조가 될 것이고 세계 7대 강국을 지나 5대 강국이 될 수 있는 저력이 생길 것이다.

서울 외곽에 우후죽순처럼 생겨난 대학들, 논바닥에도 대학, 산속에도 대학이 들어서던 과거의 잘못된 정책을 바로 잡는 기회가 될 것이다.

대학을 나오지 않아도 본인의 노력과 능력에 따라 잘 사는 사회를 앞당길 수 있는 제도가 마이스터 고교일 것이다.

고졸 취업 전성시대가 앞당겨지길 바란다.

대학이 제 기능을 발휘할 수 있고 대학 졸업장의 가치를 높이는 계기가 될 것이다.

고졸 취업자에겐 사이버대학의 문을 활짝 열어 직장생활을 하면서 대학 졸업장을 받을 수 있도록 현재의 입시제도를 확 바꿨으면 좋겠다.

202012년 06월 15일

54 부가세율 내려야 2

'주식시장에 상장된 우량기업 1/4은 장사해서 이자도 못 낸다.'는 기사를 보았다.

모든 기업이 경쟁심화로 이익 없는 본전장사, 때로는 손해 보는 장사를 하고 있는 극한 상황에 빠져들고 있다.

정부는 거래 단계마다 부가가치세 10%씩 꼬박꼬박 받아먹고 있다.

공황상태로 빠져들고 있는 세계 경제 상황에 우리나라 경제만 좋을 순 없지만, 제도적 문제를 해결하면 상대적으로 빨리 경쟁력이 살아날 수 있어 세계경제 공황상태가 우리에게는 기회가 될 수도 있다.

2008년 9월 30일 자 칼럼 '부가세율 너무 높아……'를 다시 한 번 게재한다.

부가세율 너무 높아 _2008년 09월 30일

경제 사정이 악화되면 될수록 업체 간 경쟁은 더욱 치열해진다.

제품 판매마진을 10~20%씩 부쳐 먹던 시대는 끝난 지 오래다.

마진이 좋은 건설업 쪽도 각종 경비를 공제하면 10% 남는 경우는 극히 드물다.

영세사업자들이 피땀 흘리며 일하고 팔아 버는 이익이 5~6% 선인데 유통단계마다 부과되는 부가세율 10%는 너무 과다하며 최종적으로 소비자가 부담해야 하기 때문에 물가가 올라가고 서민 생활이 힘들어진다.

사업자는 매출액에서 매입 액을 공제한 후 차액에 대한 10%만 세금으로 내기 때문에 큰 부담이 되지 않는다고 생각할 수도 있으나 법인세, 종합소득세 등을 더 내야 하기 때문에 사업자도 부가세는 늘 부담이 된다.

부가가치세율이 높으면 소비자 물가가 비싸지는 것이다.

그런데 물품이 유통될 때마다 10%씩 붙기 때문에 소비자에게는 10%가 아닌 30% 이상을 세금으로 내는 경우도 생길 수 있다.

유통단계를 줄일수록 세금은 적게 붙지만 모든 자재를 직거래할 수 없는 것이 현실이다.

166 안 되면 될 때까지 **역발상**

원자재 또는 반제품을 구입하여 완제품을 생산하여 유통되는 단계마다 부가가치세가 부과되므로 소비자가 값이 비싸지고 국제 경쟁에서도 경쟁력을 잃게 되는 것이 현 부가가치세 제도이다.

야당에서 한시적으로 부가가치세를 7%로 인하하자는 안이 나온 것은 참으로 다행한 일이다.

감세에 적극적인 정부와 여당으로서는 반대할 명분이 없을 것이다.

야당의 감세안을 꼭 들어주기를 기대한다.

다만 현 야당의 안은 한시적이라서 크게 기대할 수 없으므로 시한을 정하지 말고 지속시행이 가능하도록 개정해야 한다.

정부 여당과 야당은 당리당략을 떠나 불합리한 부가가치세 제도를 차제에 합리적으로 조정하여 소비자의 부담을 경감해 주고 국제 경쟁력도 높일 수 있도록 해주길 바란다.

현행 10%를 7%로 인하했을 때 세수가 줄어든다고 걱정할 수도 있으나 세금 탈루를 막는 적극적 정책을 편다면 세수는 줄어들지 않는다.

현재 시행되고 있는 부가가치세 제도는 자영업자를 중심으로 탈루가 성행하고 있는 것이 사실이다.

세율은 낮추고 모든 기업에 공통적으로 투명하게 적용될 수 있도록 세무 행정을 개선해 주길 바란다.

2012년 6월 8일

55 외국어 달인 제도

관광차 홍콩에 갔을 때 가이드로부터 들은 이야기이다.

필자는 더 많은 것을 배우기 위해 여행지를 선정한다.

직원연수는 주로 우리나라와 인근에 있고 얻을 것이 많은 곳을 우선 선정한다.

기업체나 단체 여행지를 선정할 때는 선진국에 주안점을 두지만, 회원들의 취향이 달라 설득에 애를 먹기도 한다.

갈 때마다 가이드 바로 뒷자리는 내 자리다.

더 많은 질문을 하고 새로운 정보를 얻기 위해서다.

첫날부터 끝날 때까지 쉴 새 없이 쏟아내는 질문 폭탄은 가이드를 힘들게 하지만 나를 만난 가이드의 역량은 몇 단계 업그레이드될 것이다.

도롯가에 즐비한 수목에 대한 질문을 할 때 난처해하는 것은 일반 관광객이나 가이드에게는 관심 밖의 질문이기 때문이다.

그러다가도 역사 이야기가 나오면 가이드의 기가 살아나는 것을 느낄 수 있다.

홍콩에서 있었던 일이다.

홍콩은 수많은 섬과 섬을 연결하는 다리가 많은 것이 특징이다.

섬을 통과할 때마다 통행료를 받는데 그 통행료 수입금은 아직도 영국으로 들어간다는 것이었다.

영국의 통치 하에 있었던 홍콩이 중국에 환수될 때 협상에서 제외되었던 것이 있었다.

두 번째 내 머리를 강타한 말이 있다.

대부분의 홍콩 주민들은 영어를 못한다는 것이었다.

장기간 영어의 원조국가인 영국 통치를 받은 나라에서 영어를 못하는 사람이 대다수라는 것, 의외였다.

그런데도 세계 각지에서 몰려드는 수 백 만 명의 관광객이 불편 없이 관광할 수 있는 비결은 영어통역 가능자의 어깨에 영어 통역 가능 견장을 달아주는 제도가 있다는 것이다.

영어통역이 필요할 때 견장이 붙어있는 사람만 찾으면 된다는 것이다.

우리도 외국어 통역이 가능한 사람을 뽑아 견장을 달아주거나 배지를 붙이고 다니는 외국어 달인 제도를 시행한다면 전 국민의 고민거리인 외국어 문제, 그로 인한 사교육비를 줄이면서 관광객에게 불편을 주지 않을 것 같다.

이 제도를 강력히 추천한다.

영어, 일어, 독어, 중국어, 불어, 스페인어, 아랍어 등 분야별 달인을 선정하여 견장을 붙이고 다니면 전 세계 관광객들이 불편 없이 한국을 돌아볼 수 있어 관광수입 증대에 크게 기여함은 물론 한국을 세계의 중심국가로 만드는데 크게 기여할 수 있을 것이다.

12년 5월 30일

아무리 높다 하더라도 인간이 도달할 수 없는 곳은 없다.
믿음과 자신감, 근면을 가지고 이를 행하지 않으면 안 된다.
갈 길이 멀다고만 하지 말자. 목표가 너무 높다고만 하지 말자.
노력으로 한발 한발 다가가자. 근면으로 차근차근 올라가자.
자신감을 가지고 조금씩 성취해 나가자.

− 안데르손

56 법 없애는 국회의원

국회의원은 단독 헌법기관이다.

국회의원의 주 임무는 법률안을 발의하여 확정시키는 일이다.

그 외에도 국정감사를 통해 행정부를 견제하는 일 등 다양하지만, 법을 제정하는 일을 하는 사람으로 모두 알고 있다.

그런데 법을 만들기만 하면 도리어 국민 생활에 불편과 부담만 가중시킨다는 것은 생각하지 않는다.

국회가 생긴 후 만들어진 법률이 얼마나 되는지 아는 사람은 아무도 없다.

그런 통계를 내본 일도 없을 테니까.

필자는 법률제정, 개정, 폐기 중 폐기 발의를 많이 하는 국회의원이 많아야 하고 그 실적이 많을수록 국민의 대변인이며 유권자를 잘 보살피는 참일꾼이라 생각한다.

법률이 하나 제정되면 그에 따른 시행령 및 조례가 수십 가지씩 늘어나서 국민들 생활에 불편을 주고 수십 가지 시행령 조례로 제한하고 벌과금을 부과하여 생활이 팍팍해지고 자유롭지 못하게 된다.

제정보다 폐기에 눈 돌릴 때가 되었다.

지속적으로 개정에 개정을 하여 누더기 법률이 되면 제정자도, 시행자도, 이행자도 잘 모르는 걸레법(누더기법)이 되고 만다.

개정이 필요하면 개정하지 말고 폐기해야 한다.

상황이 변하여 또 필요하면 그때 그 상황에 맞게 제정하면 되기 때문에 폐기에 거부감을 가질 필요는 전혀 없다.

기존 누더기 법률과 그에 따른 시행령, 조례 등을 과감히 폐기하여 보다 자유롭고 부담 없이 살아가는 국민이 되도록 국회의원들의 사고방식이 바뀌면 좋겠다.

그리고 단순히 생활환경을 제한하거나 행동을 제한하는 사안들은 법률 없이(불문율) 일시적 제한 또는 개선사항으로 국민을 계도하도록 하면 좋겠다.

2012년 5월 11일

시간이 모든 것을 말해준다. 시간은 묻지 않았는데도 말을 해주는 수다쟁이다.
– 에우리피데스

57 신호등 공해

자가용이 보급되기 이전의 거리에는 신호등이 없었다.

번화가라 해도 신호등 대신 로터리를 만들어 차량이 돌아가면서 원하는 방향으로 빠져나가는 교통체계였다.

자가용이 보급되면서 서울 한복판 한두 곳씩 설치하기 시작한 신호등이 인구증가와 차량증가 속도에 맞춰 전국으로 확산한 것은 1900년대부터였다.

지금은 소도시는 물론 작은 동네까지 보급되고 있다.

이제 하루 20여 명이 이용하는 시골길에까지 신호등이 설치되어 신호대기를 해야 할 정도로 신호등 시설이 늘어났다.

그 결과 신호등 천국이 되고 자연스러운 차량흐름에서 경직된 교통체계로 바뀌었다.

이제 골목까지 침투한 신호등 때문에 편리성이나 안전성보다 각종 공해가 증가하고 막대한 설치비, 운영비, 대기시간 낭비, 대기 중 공회전으로 인한 유류낭비는 물론 대기오염이 심각한 지경에 이르렀다.

신호등을 줄여야 한다.

건널목 보행자 우선 원칙만 지킨다면 이용 차량은 물론 보행자에게도 불편하지 않을 것이다.

아침, 저녁으로 보행자가 거의 없는 도로에서 신호대기 하다 보면 스트레스가 계속 쌓이는 신호등 공해 시대에 살고 있다.

차량은 물론 보행자까지 불편한 신호등 설치를 자제하고 사용빈도가 낮은 곳은 철거해서 불편도 해소하고 유류도 절약하고 공해도 줄이는 정책으로 전환해야 한다.

번화가의 신호체계도 직진과 좌회전을 동시에 실시하고 '신호 지키는 사람과 차량만이 손해 본다.'는 생각이 들지 않도록 신호 변환 주기도 단축하여 교통 흐름이 빨라지도록 개선해야 할 것이다.

2012년 2월 10일

그대는 인생을 사랑하는가? 그렇다면 시간을 낭비하지 말라. 왜냐하면 시간은 인생을 구성한 재료니까. 똑같이 출발하였는데, 세월이 지난 뒤에 보면 어떤 사람은 뛰어나고 어떤 사람은 낙오자가 되어 있다. 이 두 사람의 거리는 좀처럼 접근할 수 없는 것이 되어 버렸다. 이것은 하루하루 주어진 시간을 잘 이용했느냐 이용하지 않고 허송세월을 보냈느냐에 달려 있다.

– 벤자민 프랭클린

58 복지 족쇄

복지 문제로 불거진 서울시장 보궐선거가 코앞으로 다가왔다.

복지는 반드시 필요하지만, 재정사정을 감안하지 않는 과잉복지는 자치단체의 재정압박 요인이 되고 국가 경쟁력의 약화를 가져온다.

그리스, 이탈리아, 스페인 등 남유럽 여러 나라의 재정 파탄도 원인은 과잉복지에 발목 잡혔기 때문이다.

서울시장의 보궐선거는 타협을 거부하고 정면대결로 승부를 건 자치단체장과 시의회의 기싸움에서 비롯되었다.

누가 시장이 되던 국가와 국민의 장래를 생각하면서 재정상태를 고려하여 복지 수준을 점진적으로 조정해야 할 것이다.

당장 표를 의식해서 과도한 복지를 내세우면 후대에 큰 화근이 될 수 있다.

기업체마다 사업주와 근로자 간에 임금과 복지(일종의 임금임) 문제로 갈등이 지속되고 있다.

한 번 오른 임금은 내릴 수가 없다.

그래서 사업주는 못 올리겠다고 하고 생활고에 허덕이는 근로자는 매년 올려달라고 떼를 쓴다.

근로자와 시민을 위한 복지도 한 번 실시하면 거두어들일 수가 없다.

부분적으로 주고 싶어도 주지 못하고 분규가 일면 직장 폐쇄 등 극단적 대처를 하는 이유가 여기에 있다.

고용도 똑같다.

해고와 채용을 기업형편에 맞게 조정할 수 있다면 지금과 같은 노사문제는 발생하지 않을 것이다.

일시적으로 베풀 여력이 생긴다 해도 즉각 시행할 수 없는 것이 경기란 좋다가 나빠지고 나쁘다가도 좋아지는데 임금이나 복지는 탄력적으로 운용할 수 없는 특성이 있어 함부로 손을 대지 못하는 것이다.

근로자와 시민을 위한 복지가 족쇄가 될까 봐 겁부터 내고 있는 것이다.

선거 결과 어느 편이 이기든 선심성 복지 정책이란 말이 나오지 않도록 해야 한다.

정부는 힘없는 자치단체장과 기업주에게 자율이라는 명분을 앞세워 알아서 하라고 뒷짐 지고 바라만 보고 있어서 안 된다.

임금, 복지, 각종 수당 퇴직금(퇴직연금보험) 등을 경기 상황에 따라 탄력적으로 적용할 수 있도록 노동정책을 펴나가야 한다.

현재의 노동 정책은 너무 경직되고 근로자에게만 유리하도록 운영되고 있다.

중소기업이 늘 규제 좀 풀어 달라고 애걸하는 이유이다.

현재와 같은 상황에서는 대물림받으려는 후계자도 없고 자식에게 물려주고 싶은 경영자도 없어 기업의 수명이 짧은 것이다.

기회만 있으면 업종 전환이나 폐업을 하겠다고 한다.

긍지를 갖고 기업을 할 수 있는 분위기 조성이 필요하다.

정당과 지도자들은 국가 장래를 위해 당리당략 버리고 합리적인 정책을 입안해야 할 것이다.

2011년 10월 20일

사람은 금전을 시간보다 중히 여기지만, 그로 인해 잃어버린 시간은 금전으론 살 수 없다.
— 유태격언

59 시민단체도 구조 조정해야

시민단체가 우후죽순처럼 늘어나고 있다.

그 결과 시민단체의 순기능보다 역기능이 점점 증가하고 있어 또 하나의 사회 문제가 될 전망이다.

원래 취지대로 돌아갈 수 있도록 자정 노력을 기울이든가 아니면 허가제로 전화해야 할 것이다.

오랜 기간의 군사 독재 정권하에서 억압받던 민중이 자유를 만끽하고 있다.

시민 단체의 역할이 컸다.

그러나 순기능을 상쇄할 정도로 역기능 또한 과소평가할 수 없는 상황이 되고 있다.

새만금 사업, 천성산 관통사업 등 대규모 국책사업이 지연되면 그 지연에 따른 추가 경비는 모두 국민이 떠안게 된다.

소각장이나 납골당 등 필수시설마저도 지역이기주의와 시민단체가 합세하여 봉쇄하고 있는 실정이다.

그에 따른 피해는 결국 그 지역 주민에게 돌아가고 사업 지연으로 인한 주민 복지 혜택이 줄어들거나 늦어질 수밖에 없다.

어떤 분야든 지나치면 화가 되고, 적당하면 독이 되는 것이 세상사는 이치다.

스스로 자제해야 하지만 자제력을 상실했을 때는 국가 권력이 개입해서라도 정상적으로 운영되도록 해야 한다.

그것이 국가와 자치단체의 임무일 것이다.

모든 국민에게 피해가 가기 때문이다.

시민 단체의 구성은 자기 직장에 충실한 구성원으로 이루어져야 단체의 활동이 건전하고 지역 발전에 기여할 수 있음에도 직업이 없는 사람들이 직업 삼아 참여하는 경향이 있다.

또한, 부유한 사람들이 감투를 추가하여 명함에 올리기 위해 참여하는 경우도 있다.

모두 건전한 활동이라기보다는 개인의 홍보 활동이나 생계 수단 또는 이익을 먼저 생각할 소지가 있는 것이다.

필자도 각종 봉사단체나 시민 단체에서 활동하고 있지만, 막상 속을 들여다보면 원래 목적과 거리가 먼 것을 느낄 때가 많다.

진심으로 정열적으로 사회와 국가를 위해 봉사정신을 발휘하는 사람이 전혀 없는 것은 아니지만, 작금의 행태들은 집단이기주의에 편승하여 이권 운동이나 압력단체로서 압력을 행사하려는 경향이 있어 지적하고자 할 뿐 시민단체 본연의 활동이나 임무를 폄하할 생각은 없다.

우선 구성원들의 자성과 단체 리더들의 뚜렷한 목적의식과 정화노력이 필요하다.

이들의 노력이 없다면 국가적 대책이 필요할 것이다.

2006년 03월 11일

일하는 시간과 노는 시간을 뚜렷이 구분하라. 시간의 중요성을 이해하고 매순간을 즐겁게 보내고 유용하게 활용하라. 그러면 젊은 날은 유쾌함으로 가득찰 것이고 늙어서도 후회할 일이 적어질 것이며 비록 가난할 때라도 인생을 아름답게 살아갈 수 있다.

— 루이사 메이 올콧

60 회전 교차로

회전 교차로 보다는 로터리라는 말이 일반 대중들에겐 더 익숙한 말이다.

삼각지 로터리는 가수 배호의 노래로 더 유명해졌고 로터리의 대명사가 되었다.

필자에겐 2년 6개월간 군 생활을 하면서 매일 돌아다니던 길이라서 더욱 감회가 새로운 이름이다.

그러나 1960년대부터 교통량의 폭주로 인하여 로터리 기능이 마비되었다.

1970년대부터 현재의 삼각지, 입체교차로로 바뀌었다.

전국에는 6만여 개소의 교차로가 있다.

전두환 정권 때 로터리를 전부 허물고 신호등 체계로 바뀌었는데 특정인의 돈벌이를 위해 전국의 로터리가 없어진다는 루머가 돌 정도로 전국의 로터리는 급속도로 해체되었다.

국토해양부는 금년(2011년) 전국 100여 개소에 한국형 로터리를 시범적으로 설치하겠다고 발표했다.

로터리는 신호등이 없어 교통소통이 원활하고 빠르지만, 양보심이 부족한 운전자들 때문에 차량이 엉킬 수 있는 단점이 있다.

현행 신호체계에 익숙해진 보행자들도 상당기간 불편을 느낄 수 있을 것이다.

그러나 현행 신호등 체계보다는 신호 대기시간이 짧아져 차량 흐름이 빨라지고 유류 소비도 대폭 줄어들며 매연 발생도 크게 감소하는 등 좋은 점이 많아 전국적으로 확대 실시하는 것이 좋을 것이다.

차량 흐름을 방해하는 또 하나의 현상은 수백 년 동안 사람과 달구지들이 다니던 꼬부랑꼬부랑 시골길을 급한 대로 포장하여 사용하는 지방도로이다.

지방도로의 직선화도 시작해야 하고 박정희 대통령 때 강력하게 실시했던 접도구역도 부활해야 도로확장에 드는 막대한 보상비를 절약할 수 있는 근본 대책이 될 것이다.

2011년 01월 14일

한가한 때 헛되이 세월을 보내지 않으면 다음날 바쁠 때 쓰임이 있게 되고, 고요한 때에도 쉼이 없다면 다음날 활동할 때 도움이 되느니라. 남이 안 보는 곳에서도 속이거나 숨기지 않으면 여럿이 있는 곳에 나갔을 때 떳떳이 행동할 수 있느니라.

— 채근담

61 역발상 방역

안동에서 발생한 구제역이 명품 한우로 명성을 날리던 횡성을 비롯한 원주, 춘천, 파주, 고양 등 전국으로 파고들고 있다.

과거에는 일부 지역에서 발생하여 크게 확산하지 않고 소멸하여 큰 문제가 되지 않았는데 전국적으로 번져가는 금년도 구제역 파동은 축산업자에게 큰 고통과 좌절감을 주고 온 국민을 불안하게 하고 있다.

고속도로 진출로마다 소독약을 뿌려대고 지방도로 곳곳에서 지나가는 차량에 무차별 소독약 세례를 퍼붓고 있으나 효과가 없다.

차량 소유주들에겐 정말 짜증나는 일이지만 항의할 수도 없다.

필자는 늘 의문을 갖고 있다.

전국 곳곳에서 방역을 강화하고 있지만, 구제역 발생 지역은 늘어만 가고 날이 갈수록 피해액이 눈덩이처럼 늘어난다.

정부에선 최후의 수단인 백신까지 투여한다고 발표한 상태다.

소독약 살포 방식과 약효에 의문을 가져 볼 필요가 있다.

먼저 구제역 병원균(바이러스)의 정체를 규명하지 못하고 있는 듯하다.

소독약의 성능도 검증되지 않은 듯하다.

구제역 병원균의 소독약에 대한 내성이 생긴 것이 아닌가? 의문이 생기기도 한다.

정부는 이런 의문에 대해 발표를 하지 않고 있다.

검증작업이 진행되고 있는지, 새로운 약제 개발은 진행되고 있는지, 병원균의 정체는 밝혀졌는지 등 각종 의문에 대하여 답해야 한다.

매년 주기적으로 발생하는 구제역에 대한 체계적 연구가 필요함에도 가족처럼 기르던 가축을 매몰 처분하는 데만 전력을 집중하고 있다.

구제역 발생 지역이 걷잡을 수 없이 빠른 속도로 확대되고 있다.

지금까지의 천편일률적으로 시행되고 있는 방역 방법을 바꿔야 한다.

도로마다 설치된 살포시설을 가축사육장 주변으로 옮겨 집중적으로 소독하고 차량 및 인력의 출입제한도 축사 주변으로 한정해야 할 것이다.

현재의 광역방역에서 집중방역으로 전환하라는 것이다.

세금으로 지출하는 약제대금과 인건비를 효율적으로 관리

하도록 해야 한다.

과거 또는 현재의 방법이 안 통할 때는 방역의 방법과 종사자들의 생각을 바꾸는 것이 역발상이다.

역발상 방역 시스템이 빨리 도입되기를 바란다.

연례행사가 된 구제역 방역은 반드시 바뀌어야 축산농민들의 시름을 해결하고 초토화된 축산업을 살려내는 길이 될 것이다.

2010년 12월 24일

현대인은 무슨 일이든 그것을 재빨리 해치우지 않으면 시간을 손해본다고 생각한다. 그러나 그들은 시간과 함께 자신이 얻는 것은 무익하게 시간을 보내는 것 외에는 무엇을 해야 할지 모르는 것이다.

— 에리히 프롬

62 기업인 연금

우리정부 뿐 아니고 세계 모든 나라 정부의 고민은 일자리 문제이다.

학력이 높아지는 만큼 덩달아 눈까지 높아진다.

궂은일이나 힘든 일 따위 거들떠 보지도 않는 세상이 되었다.

자연히 맘에 맞는 일자리 구하기가 하늘의 별따기인 세상이 될 수밖에 없다.

따라서 정책당국의 노력도 한계가 있을 수밖에 없다.

그런 시대에 살면서도 행복한 사람들이 있다.

연금 수령자들이다.

연금 수령자라고 다 넉넉한 것은 아니다.

공무원연금, 교직인연금, 군인연금 등 일부계층에 해당되는 사람들이다.

연금의 종류도 많다.

국민연금, 퇴직연금 보험, 장애인 연금, 노인 연금 등 종류도 많다.

얼마 되지 않지만 그래도 생활에 도움이 되는 것만은 사실이다.

그런데 기업을 하는 사람들 특히 영세 자영업자와 소기업 경영자들에겐 그런 연금혜택 조차도 없다.

사업이 잘되지 않아 문을 닫거나 부도라도 내면 죄인이 되어 숨어 살거나 막노동 현장으로 내몰리는 신세가 된다.

그들은 많든, 적든 세금을 꼬박꼬박 낸 사람들이다.

옛날엔 세금 꼬박 꼬박 내는 사람을 바보 취급하고, 탈세 잘하면 능력 인정받고 자랑거리였다.

그러나 지금은 옛날처럼 탈세를 할 수 있는 분위기가 아니다.

탈세는 생각도 못할 판이다.

세금계산서나 영수증을 발행하고 모두 받아야 그나마 종합소득세율이 낮아지고 법인세도 줄일 수가 있다.

자청해서 세금계산서 끊고 받아들이는 것이 요즘 기업의 문화가 되었다.

정부는 노인에게도, 장애인에게도, 근로자에게도 노후대비 수단으로 각종 연금제도를 반 강제적으로 시행하면서 힘들게 경영하여 꼬박꼬박 세금 내는 기업인에겐 아무런 혜택도 노후대비책도 없다.

세금 낸 만큼 세금의 일부를 연금으로 지급하는 제도가 생긴다면 기업인들은 더 열심히 세금 내려고 노력할 것이다.

싱가폴에서는 세금 낸 만큼 주택청약 등 각종 혜택을 주고 있다.

우리도 늦었지만 기업인연금을 실시해주길 건의한다.

본인 부담으로 하되 세금실적대비 1% 또는 그 이하라도 연금으로 추가 지급하는 제도가 생긴다면 장수기업이 많이 생기고 대물림 기업이 많이 늘어나 세수도 안정적이고, 일자리 창출은 물론 고정적 일자리가 확보되어 대책 없이 늘어가는 노후 문제도 자연스럽게 해결돼 '일석삼조'가 될 수 있는 정책이라고 생각한다.

2010년 11월 12일

실패는 하나의 교훈이며 상황을 호전시킬 수 있는 첫걸음이다.
— 필립스

63 장수기업

언론에 자주 등장하는 강소기업은 신생 IT, 벤처기업을 지칭하는 용어이며 장수기업은 대를 이어 장기간 같은 업종을 지속하는 기업을 말한다.

일본엔 1,400년 이상 장수하는 기업(금강조)이 있다.

그 외에도 100년 넘은 기업이 2만 개나 될 정도로 장수기업이 많은 나라이다.

임진왜란 이전부터 기업이 활성화되었다.

임진왜란에 동원된 선박과 물자도 후쿠오카를 중심으로 번성했던 기업체들의 지원을 받은 것이다.

우리나라는 늘 전쟁에 시달리며 살아오는 동안 기업다운 기업으로 성장할 수 없었다.

우리나라는 아직 장수기업의 기준도 없고 기초조사 자료도 없다.

우리나라 기업의 평균 수명은 20년 이상 생존 확률이 12%, 30년 이상 생존 확률이 10%라는 통계만 있을 뿐이다.

500만 소기업(자영업과 30인 이하 소기업)의 평균수명이 3.8년이라는데 추측일 뿐 믿을만한 통계조차 없다.

늦었지만 지금부터라도 장수기업이 많이 나올 수 있도록 여건을 조성하고 활성화 대책도 세워야 한다.

필자의 생각으론 장수기업의 기준을 20년부터 시작하는 것이 현재 실정에 맞지 않을까 생각한다.

지금의 여건으론 장수기업이 탄생할 수 없다.

첫째, 과도한 상속세 때문에 자식에게 물려줄 엄두도 못 내는 상황이다.

차라리 적당한 기회에 팔아서 현금으로 물려주거나 재산 다 빼돌리고 부도를 내버리겠다는 극단적 생각을 하는 기업가가 있을 정도이다.

둘째, 대물림할 후계자가 없다.

1인 10역을 하는 소기업 사장들의 생활상을 보면서 자라는 자식들은 기업을 승계하고 싶은 생각이 없다.

규제가 심하고 비전도 없어 가업으로 물려받고 싶지도, 물려받을 준비도 하지 않는다.

자치단체별로 장수촌을 조성하여 규제를 없애고 세제우대도 실시하며 판로개척 및 홍보를 도와주어 장수기업이 많이 생긴다면 자치단체의 자랑이며 후손들도 선친의 가업을 자연스럽게 승계하려는 풍토가 조성될 것이다.

2010년 10월 8일

※ 알 림

14년째 쓰는 필자의 칼럼을 계속 관심 있게 읽고 격려해 주시는 독자 여러분의 성원에 힘입어 2010년도 장영실 '발명문화대상'을 수상하게 되었음을 알려드립니다.
계속 격려와 조언 부탁드립니다.

용기 있고 슬기로운 사람 앞에는 역경 따위가 없다.

– 한용운

64 곧은길

화단에 철책을 둘렀지만 곳곳에 길이 나 있다.

학생들이 돌아다니기 싫어 몰래 화단으로 곧게 질러다니기 때문이다.

사람의 본성은 멀리 돌아다니기 싫어한다.

언제나 곧은길, 빨리 갈 수 있는 길을 선택한다.

곧게 갈 수 있다면 그곳이 화단이건, 작물을 재배하는 밭이건, 산속이건 가리지 않고 질러다니고 싶어 한다.

시골에 가면 자연적으로 생겨난 좁은 길들이 대부분이다.

논둑, 밭둑 경계를 따라다녀서 길이 된 것이다.

직선거리, 시간단축 등의 경제적 개념이 전혀 없을 때 생긴 길이다.

일제 강점기엔 지역마다 큰 수레가 다닐 수 있는 길을 만들기 시작했다.

이런 길을 신작로라 했다.

지금은 그 신작로들이 모두 포장도로로 바뀌었다.

그러나 그 길들은 구불구불 지형 따라 논밭의 경계 따라 만들어진 수십 년 된 우마차 길을 확장하고 포장한 것들이다.

그래서 어느 지역을 가든 반듯반듯 곧은길은 없다.

이제부터는 이런 길을 곧게 바로잡아야 한다.

충남 홍성군 갈산면에서 수덕사 가는 길이 있다.

이 길을 곧은길로 바꾸는 일이 한창이다.

지자체 차원에서 교통사고 많이 발생하고 큰길과 접근이 용이한 곳부터 바른길로 개조해 나가는 사업이다.

필자는 30여 년 전 만리포 해수욕장을 개장하면서 구불구불 좁은 길에 가로수 심는 것을 보고 신문에 기고한 일이 있다.

'나무 심기도 좋지만 길부터 반듯하고 넓게 만드는 일이 더 급하다.'고 했다.

그 길이 지금은 도로도 넓고 비교적 반듯하게 변했다.

이제부터는 전국의 모든 도로를 반듯한 직선도로로 바꿔야 한다.

물론 돈이 들어야 하지만 새로 편입되는 부지와 기존도로의 포장을 벗겨 내고 농지로 바꿔 편입지와 맞교환한다면 큰돈 들 것도 없다.

의식이 문제이고 시작하는 용기가 필요할 뿐이다.

구불구불한 길에선 고속도로나 고속화도로 또는 새로 개설되는 큰 도로보다 교통사고 발생 빈도가 높고 이동 시간이 2~3배 더 걸리는 등 경제적 피해가 크기 때문이다.

서울시에서 청계천혁명이 일어나니까 지자체마다 따라 했다.

홍성에서 곧은길 만들기를 시작했으니 다른 지자체들도 따라 했으면 좋겠다.

시작이 반이다.

시골길들이 반듯해지면 이동시간도 크게 단축되고 교통사고도 줄어들 것이다.

지자체장들의 관심이 필요할 때이다.

2010년 09월 10일

지혜로운 자는 가난해도 즐거워하고 어리석은 자는 부자라도 걱정한다

ㅡ 최치원

65 역발상 통일전략

베를린장벽 붕괴를 기념하는 행사가 독일에서 열렸다.

당시 권력자들도 함께 모여 장벽붕괴 20주년을 자축하였다.

행복의 주체이고 축복의 주체는 누구보다도 동독과 서독의 국민들이다.

우리는 독일국민들의 축제를 멀리서 부러워만 하고 있다.

우리에게도 남북 간에 가로 놓인 철책을 걷어내고 자유왕래 하는 날이 빨리 왔으면 좋겠다.

동서독의 통일은 '돌발사태'라고들 한다.

동독정부당국자가 여행규제를 일부 수정하겠다고 했는데 각국 기자들이 오인하여 동독의 여행 자유화를 특종으로 보도하는 바람에 동독인들이 일시에 몰려나와 장벽을 부수면서 일어난 돌발사태란 말이 있다.

우리나라의 통일도 이와 유사한 돌발사건이 터지면서 다가올 수도 있다.

아니면 김정일 정권이 갑자기 붕괴되어 국민(인민)들이 일시에 남으로 내려오면서 통일로 이어질 수도 있다.

정상적인 방법으로 통일이 된다는 것은 정말로 요원한 일이지 모른다.

진짜 통일이 안 되는 이유는 통치자들과 그 추종세력 때문이다.

기득권을 유지하고 목숨을 부지하기 위해 통일을 하지 않고 주기적으로 위기의식을 고취시켜 통치하려는데 있기 때문이다.

언제 현실로 다가올지 모르는 통일 어떤 형태로든 통일은 될 것이다.

그래서 통일을 준비해야 한다.

맨주먹 불끈 쥐고 통일을 외치던 시대는 지났다.

지금은 서로 통일을 두려워하고 있다.

분단 50년 동안 남과 북은 경제적 격차가 너무 벌어졌다.

언어, 문화 등도 큰 차이를 나타내고 있다.

어느 날 갑자기 통일이 된다면 큰 혼란이 올 수도 있다.

그래서 통일비용이 필요하다.

북쪽의 생활수준을 남쪽의 생활수준보다는 못해도 먹고 살 수 있을 정도는 돼야 한다.

개인소득 3,000불 정도만 되어도 무작정 남으로 내려오지는 않을 것이다.

먹고 살기 위해 무작정 서울로, 무작정 남한으로 내려와야

만 하는 일이 벌어진다면 평화로운 남쪽 사회도 불안해 질 수 밖에 없다.

늦었지만 통일비용을 축척해야 하는데 현 위정자들은 그런 생각을 못 한다.

국민들 각자가 통일비용을 저축하기 시작하면 어떨까?

스스로 하루 얼마씩이라도 통일 저축을 시작한다면 거꾸로 위정자들이 따라 할 것이다.

통일은 예고 없이 봇물 터지듯이, 산사태가 나는 것처럼 갑자기 온다.

예고 없는 통일을 위해 수입의 1%씩이라도 저축을 시작하자.

2009년 11월 12일

진정한 행복은 창조충동의 계발과 강화에 있다. 창조충동은 새 삶을 여는 열쇠다.
— 러셀

66 규제일몰제

필자의 주장이 또 하나 성취되고 있어 누구보다 기쁘고 가장 먼저 환영한다.

해방 후 정부가 바뀔 때마다 규제 줄이고 경제 활성화하겠다고 외쳐댔지만 모두 공염불이 되고 규제 숫자는 해가 갈수록 늘어만 갔다.

모든 법을 다 지킨다면 한 발짝도 움직일 수 없을 정도로 규제가 많은 나라에 살면서도 규제에 익숙해졌고 규제를 안 지키고도 그런대로 잘 살아가는 나라가 대한민국이다.

그래서 법을 지키지 않고도 아직은 살기 좋은 나라라고 한국에 살고 있는 외국인들은 말한다.

너무나 많은 규제를 만든 당사자들도, 시행실무자들도 잘 몰라 늘 법전을 내놓고 조문을 따지고 있고 늘 조례를 보면서 실행해야 하는 공직자들이 얼마나 많은가?

실무자도 잘 모르는 그 많은 규제를 국민들은 모르고 지나가기도 하고 또 알고도 안 지키는 습관이 몸에 배어 법질서

확립이라는 칼을 빼 들고 엄포를 해도 눈 깜짝하지 않는다.

2009년 국가 경쟁력 강화 위원회에서 규제 일몰제를 실시하겠다고 발표하였다.

이명박 정권 초기부터 말로만 요란했던 규제 개혁이 이제 시작되는 모양이다.

한편으론 반갑고 한편으론 반신반의할 수밖에 없다.

말만 앞서고 실천은 뒷전인 공직 사회를 잘 알고 있기 때문이다.

그러나 이번만은 잘될 것 같은 느낌이 들기도 한다.

대통령의 의지가 대단히 강하기 때문이다.

1,500건의 규제 중 우선 경제규제 1,000건을 먼저 없애고 6월까지 추가로 500건을 폐지하겠다는 약속이 꼭 지켜지길 바란다.

그러나 각 지자체에서 조례로 실시하고 있는 수도 헤아릴 수 없는 규제가 과연 풀릴지 아직 의문이 남을 수밖에 없다.

공직사회의 철밥통 지키기와 깊은 연관이 있기 때문이다.

그 일례로 부동산 규제를 다 풀었다고 하지만 현실은 그렇지 않다.

말로만 풀었을 뿐 현장에선 전혀 변화를 느끼지 못하고 있다.

부분적으로 찔끔찔끔 풀어봐야 효과가 없음을 부동산 규제에서 잘 확인 할 수 있다.

'한번에' '단번에' 다 풀어놓고 문제가 되면 그 시점부터 다시 규제를 신설하고 새로 신설하는 규제는 반드시 일몰 시점을 명시하도록 해야 확실한 규제 개혁이 가능하다고 생각한다.

1년간 전봇대 3개 뽑은 실적밖에 없는 현 정권을 보면서 국민들은 이번 조치도 몇 개나 없어질지 궁금해 하고 있을 것이다.

질서를 유지하기 위해 규제는 필요하다.

다만 그 규제가 합리적이어야 하고 모든 사람에게 동등하게 적용될 수 있도록 규제도 표준화해야 한다.

규제기간이 반드시 명시되어야 하고 가급적 연장되지 않도록 해야 하는 것은 기본이다.

경제적으로 선진국에 진입한 지 오래지만 우린 스스로 선진국이 아니라고 한다.

투명하지 못하고 정권이 바뀔 때마다 국민을 통치하기 위한 통치 규제와 철밥통을 지키기 위한 철밥통 규제가 너무 많기 때문일 것이다.

2009년 1월 30일

책은 꼭 많이 읽을 필요가 없다. 읽은 책의 요령을 파악하는 것이 필요하다.
— 정이천

67 월드타운

한국은 동방의 작은 나라도, 백의민족도 아니다.

항공기가 전 세계를 향해 30초 간격으로 뜨고 내리는 세계의 중심에 있는 역동적인 나라이다.

거리엔 외국인들이 넘쳐난다.

농촌 총각의 40%는 동남아 처녀와 결혼하고 있다.

이처럼 세계의 중심에 서 있는 듯하면서도 언어가 통하지 않는 이상한 나라로 비춰진다.

홍콩 사람들은 오랫동안 영국의 통치를 받았지만 영어를 못하는 사람이 90%일 정도로 중국어 생활권이다.

그래도 전 세계에서 몰려드는 관광객이 불편 없이 관광할 수 있는 것은 영어회화가 가능한 사람의 어깨에 붉은 견장을 부착하는 방법으로 의사소통을 돕고 있다.

우리나라도 늦었지만 세계인이 찾아와서 자유롭게 거리를 다니고 식당에서 의사소통이 되고 영화도 볼 수 있는 시스템을 갖춘 월드타운을 만들 필요가 있다.

인사동, 이태원 등 가이드의 인솔에 의해 관광을 하고 쇼핑을 하는 원시적 관광 사업으로는 외화가 굴러들어오지 않는다.

전 국민이 영어 회화가 가능하도록 하겠다는 정책은 과욕일 뿐 현실적으로 불가능하다.

대안으로 외국인 전용 마을이 필요하다.

서울 인근의 고양, 김포지역 특히 고양엔 명품도시를 조성하겠다고 묶어 놓은 땅이 있다.

30만 평이 넘는 땅을 묶어 개발을 제한하므로 현재 생활에 불편만 주고 있을 뿐 명품도시가 언제 될지도 모르는 채 이곳에 거주하는 거주민과 사업체들과, 공장들에게 불이익만 주고 있다.

명품 도시가 된다 해도 서울의 베드타운에 불과한 아파트 촌이 될 것이다.

필자는 이곳이야말로 월드타운의 적지라고 생각한다.

자유로워 일산신도시 사이에 위치한 이곳은 앞에 세계적으로 아름다운 한강과 잘 보존된 습지가 있다.

30만 평이나 되는 호수공원도 있다.

김포, 영종도 공항에서 가까운 거리에 있으며 서울과 가장 가까울 뿐 아니라 통일되었을 때 남북을 잇는 중심지이기도 하다.

이곳을 관광특구로 지정하여 세계 여러 나라의 풍물을 전시하고 세계 각국 인이 와서 불편 없이 먹고, 자고, 쇼핑하고 즐길 수 있는 외국인 전용 마을을 만들어야 한다.

외국인 마을에는 세계 각국의 음식을 먹을 수 있는 먹자거리, 세계 각국의 상품을 판매하는 월드상가 그 외에도 도박의 거리, 영화의 거리 등 특성 있고 다양한 거리를 조성하고 언어의 불편이 없도록 영어권역, 불어권역, 중국어, 일본어, 스페인어 등의 언어권 역별로 전문인력이 안내할 수 있도록 한다면 세계인들이 가장 편리한 여행지로 이곳을 찾게 될 것이고 세계적 명소가 될 것이다.

월드타운 중심엔 파리의 에펠탑보다 더 크고 높은 전망탑을 세워 개성, 김포, 서울을 동시 조망할 수 있는 명품 시설물도 필요할 것이다.

2008년 10월 30일

학교에서 배운 지식은 졸업 후 스스로 배우는 데 들어가는 소자본 같은 것이다.
― 토머스 페인

68 갓길 통행 확 풀어라

매일경제신문에 보도된 '고속도로 갓길 통행 확대' 기사가 눈에 번쩍 띄었다.

필자가 수년 전부터 지속적으로 주장해오던 것 한 가지가 해결되었다는 기쁨이 어느 누구보다 더했다.

갓길(노견)을 만든 취지는 고장 났거나 사고 난 차량을 정비소로 견인할 때까지 일시적으로 정차시키고 장거리 운행시 잠시 휴식을 취하는 등 그 기능 자체를 무시할 수는 없다.

그렇다 하더라도 증가하는 차량 수만큼 지속적으로 도로를 확장하는 데는 한계가 있을 수밖에 없다.

그래서 기존 도로의 효율을 지속적으로 높여 증가하는 차량을 소화하도록 해야 한다.

독일의 아우토반은 버스, 화물차를 제외한 승용차의 속도 제한이 없다.

우리나라의 도로보다 차선이 많지 않은데도 소통이 대단히 원활하다.

고속 차선이 있기 때문이다.

우리나라는 1차선을 버스전용차선으로 활용하고 있어 버스 운송업자와 이용승객에게는 좋은 제도일 수 있지만, 교통 소통 총 수요로 볼 때 체증의 주범이 되는 것이다.

체증을 유발하는 또 하나의 주범은 요소요소에 설치된 단속카메라일 것이다.

150km 이상으로 씽씽 달리던 차량들이 급브레이크를 밟아 속도를 줄였다가 카메라 위치를 벗어나는 순간부터 또다시 가속 페달을 밟는다.

추돌 사고가 잦은 원인이며 급감속 급가속의 반복으로 인한 유류 낭비도 많다.

제한 속도 또한 도로마다 다르다.

지방 국도의 경우 60km~80km, 고속도로의 경우 100km~110km로 속도 제한을 하여 차량흐름을 방해하고 있다.

교통 체증의 주범인 속도제한 조치와 단속 카메라만 없어도 교통 체증이 크게 완화될 것이다.

기름 한 방울 나지 않는 나라에 차량이 너무 많은 것도 문제이지만 각종 규제 때문에 허공으로 날려 보내는 유류 소비도 증가 일로에 있다.

차량 흐름을 방해하는 규제를 어느 규제보다도 먼저 풀어주어야 한다.

다행스럽게도 제한적 갓길 활용 방안이 나온 데 대하여 당국에 감사하게 생각한다.

차제에 병목지점부터 갓길 허용을 실시하여 체증을 감소시키고 결과가 좋을 경우 전국의 고속도로로 확대 실시할 것을 건의한다.

2008.03.25.

한 마리의 개미가 한 알의 보리를 물고 담벼락을 오르다가 예순아홉 번을 떨어지더니 마침내 일흔 번째 목적을 달성하는 것을 보고 용기를 회복하여 드디어 적과 싸워 이긴 옛날의 영웅 이야기가 있는데, 동서고금에 걸쳐서 변치 않는 성공의 비결이다.

— 스코트